M&A
失敗の
本質

人見 健

ダイヤモンド社

はじめに

生き残りをかけたM&Aでは
失敗を減らさなければならない

　日本企業のM&Aは、成長戦略の実現手段として定着した。レコフによれば、2012年から2019年にかけて日本企業が関わるM&A件数は8年連続で増加した。2020年のM&A件数は、海外M&Aの抑制等により前年比8.8％の減少に転じたが、国内の業界再編、事業承継、大企業の事業ポートフォリオ再編、新規事業進出等により、将来の成長を先取りし、事業構造を改革するためのM&Aは継続している。

　しかし、M&Aの成功確率は「古今東西で3割程度」という傾向は変わっていないという実感がある。言い換えれば、7割は失敗しているということになる。

　コロナ禍で事業の悪影響を受けた日本企業は、生き残りをかけて事業構造改革と成長を両立させていくため、限られた経営資源（人、モノ、カネ）を有効に活用していかなければならない。企業は、経営の安定性を維持するために事業売却やコスト削減等により手元流動性を確保しながら、将来の成長機会を先取りした戦略投資をしていくという、「絶妙な」経営資源の配分を行っていかなければならない。無駄な「金遣い」は許されない。

　また、一旦、コロナ禍で業績が低迷した企業を買収する場合には、景気好況時のM&Aと比較して成功させるための難易度も当然高くなる。買収企業は、自社の戦略目的を明確にし、「生き残る」企業への目利き力と事業運営力を高める必要がある。

M&Aの失敗原因は外部環境ではなく、
自社の組織内にある

　M&Aの成功とは、本質的には、M&A後の「企業の中長

期的な企業価値が向上すること」である。企業価値向上のためには、まず、買収した企業が事業計画における業績目標を達成することが条件となる。

　日本においては、この「成功」と「失敗」の定義があいまいに解釈されている。本書において「失敗」とは、「M&A後の業績目標の未達により企業価値向上に繋がらないこと」と定義する。この失敗には、買収した子会社の業績悪化およびシナジーの未実現などによる業績目標の未達や減損損失の発生のみならず、投資回収の長期化、主要顧客やキーとなる従業員の喪失や親子会社間の信頼関係の喪失など、「失敗の重要な兆候」も含めることとした。なぜなら、これら潜在的な失敗要因も、事業環境の悪化により顕在化しやすく、事前予防的な対応が必要になるからである。

　「なぜM&Aが失敗したのか」という原因を問うと、「想定外に外部環境が悪化したから」「企業文化の融和がうまくいかなかったから」などという理由が聞かれることが多い。確かにそのようなことは起こりうる。しかし、失敗の理由を「環境のせい」「相手のせい」と他責にしていても、教訓がなく、M&A実行の習熟度が高まることはない。

　外部環境の変化要因を除けば、失敗の原因は自社の組織の内部に存在すると言っても過言ではない。なぜなら、M&Aは「組織対組織のイベント」かつ「人間技」であり、リーダーから実務担当者を含むプロジェクトメンバー一人一人の思考のバイアス（先入観・偏見）、経験の多寡、組織の支配的な価値観や思考・行動様式等が、その成否に影響を与えるからである。

　ある日本の上場企業が米国のバイオベンチャー企業を買収した際に、国内の製造子会社と同様の決裁権限規程を適用したという話を聞いたことがある。その後、その日本企業は、買収した米国子会社のガバナンスに苦労した。事業特性や企業文化が異なる企業になぜそのようなことをしてしまうのか。前例主義の怖さを身に染みて感じた事例である。

M&Aの「成功」はPMIの「成功」

PMI（Post Merger Integration：M&A後の統合）という言葉は、この20年間で日本においても浸透が進んだ。「PMIは大事だ」と、言われて久しい。本書において、PMIとは、「M&A後、買収企業・被買収企業間のシナジーを実現し、両社の企業価値向上のために、ガバナンスの仕組みを構築し、両社の戦略を連携させ、オペレーションを統合すること」と定義する。ここでいうシナジー（Synergy）とは、「PMIの結果、買収企業と被買収企業の経営資源を相互利用することにより生み出される相乗効果であり、財務的には企業価値の増加分」である。

一方、PMIの重要性は日本企業に浸透したのか。著者の答えは「No」である。その理由は、PMIを中長期的な取り組みとして「実践している」企業は少数だからである。しかし、結果責任主義の考え方に基づけば、PMIをやらなくてよいということはあり得ない。

M&Aの代表的な失敗原因として、「あいまいな目的」「結果責任意識の欠如」「有事性の理解不足」「自己流マネジメント方式の踏襲」「経営者思考の弱さ」などが挙げられる。これらを突き詰めていくと、経営者の意識・言動がM&Aの成否に大きな影響を与えていることに気づく。

著者は、「PMIの重要性について、当社の社長に直接言ってほしい」という相談を何度か受けたことがある。そのような企業では、M&Aの主たる目的が規模拡大で、買収が完了したら経営者の関心が低下することもある。一方で、大企業でも「M&A巧者」と言われる企業も数多く存在し、スタートアップ企業の中にも、明確な目的のもと、M&Aを巧みに経営戦略の実現手段として活用し、自社のPMIの方法論を確立した企業も存在する。

経営資源の活用の巧拙が、企業の生き残りを左右する中、経営者のコミットメントが企業の行く末を左右する時である。

いよいよ待ったなしの自己変革

「当社がスタートアップ企業のM&Aの成功確率が高いのは、当社自身がスタートアップ企業と同じ企業文化を持っているからである」。米国シリコンバレーにある企業のM&A責任者が言った。これは、企業文化の融和がいかにM&Aの成否を左右するかを物語っている。

では、「伝統的」「保守的」な企業風土を有する企業が、スタートアップ企業の技術、人材、ノウハウを取り込み、持続的成長を実現するにはどうしたらいいか。答えは、イノベーションを取り込めるよう、自社の組織やルールを変えていくことしかない。

日本企業は、コロナ禍を経験し、苦境は必ずしも一過性の出来事ではなく、事業構造改革の遅れが顕在化したものであることを知った。自己変革できない日本企業は時代の波に乗り遅れ、新しい時代に生き残れないのではないか。「当社は意思決定に時間がかかる」「当社はM&A先進企業の真似はできない」「人材がいない」などと、「出来ない理由」を言っている猶予はない。

企業は、従来の価値観、時代に合わない組織ルールや行動様式を打破し、組織の古い「土壌」を入れ替えることをしないと、M&Aの成功はないばかりか、時代の変化に取り残されていくことになる。大胆なトップダウンの改革が苦手な企業であってもできることはあるのではないか。

企業は、今こそ、過去のM&Aを振り返り、M&A実行のための組織能力を強化すべきである。

本書の全体構成

上記の問題意識に基づき、本書では、まず第1章で、2020年以降のコロナ禍後のM&A案件の主なトレンドについて概観する。その上で、M&Aの「成功」と「失敗」を定義し、企業の中長期的な企業価値向上に繋がらない、潜在的な「失敗の兆候」も「失敗」と含めることの重要性を提示させて頂

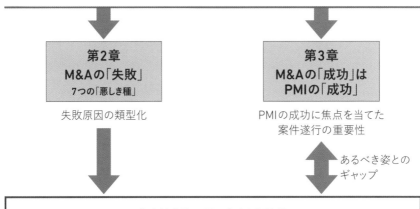

図表0-1 本書の全体像

第1章 M&Aの「成功」と「失敗」

M&Aの「成功」と「失敗」の定義

第2章 M&Aの「失敗」
7つの「悪しき種」

失敗原因の類型化

第3章 M&Aの「成功」はPMIの「成功」

PMIの成功に焦点を当てた案件遂行の重要性

あるべき姿とのギャップ

代表的失敗原因の考察と解決策

第4章 「終わりの始まり」
明確な目的なきM&Aの行く末は

第5章 「あとは事業部に任せた」
PMIに関心の低い経営者

第6章 「うちのやり方が優れている」
失いがちな相手への尊重心

上記解決策では対処しきれない構造的課題

第7章 日本企業の経営者の課題

く。「失敗」の定義を明確にする理由は、景気低迷期においては、M&A後の事業環境の悪化により、潜在的な失敗の兆候が顕在化しやすく、M&Aの難易度が高くなるからである。

次に、第2章において、M&Aの失敗の7つの代表的な失敗原因について考察し、失敗を他責とせず、自責思考で原因

を分析することが組織のM&Aの実行能力を高める鍵であることについて述べる。

また、第3章では、M&Aの失敗原因を詳説する前に、失敗に相対する「あるべき姿」として、PMIの重要性およびPMIを成功に導くために必要なアプローチとして、①統合計画の「質」、②「全体最適的視点」を有する実務責任者の任命、③経営者のPMI完遂へのコミットメント（覚悟）という3つの要素について提示したい。案件の初期段階からPMIの成功にフォーカスし、戦略立案、ディール、PMIの各業務を有機的に連携させながら進めていくことが肝要である。

さらに、第4章から第6章では、上述の7つの代表的な失敗原因に関連する日本企業のM&A失敗事例を紹介しながら、その失敗原因と実務面の解決策について詳説したい。

最後に、第7章では、日本企業がM&Aを活用して成長戦略を実現するための、日本企業の経営者が解決すべき組織的課題について述べる。なぜなら、M&A失敗の根本原因には、日本企業の「戦略がなく、プロセス思考が強く、進みだしたら修正できない」「トップのリーダーシップが弱く、組織の責任があいまい」「共同体意識が強く、新たな価値観を許容できない」という組織風土が関係しており、これら組織風土の変革なくして、失敗原因の「根絶」はできないからである。

ではどうすれば、M&Aの成功に近づけるのか。第7章の最後には、著者自身のM&Aコンサルタントとしての実務経験と事例調査に基づく、M&Aを成功に「近づける」ための5つの法則について紹介したい。

結論を先に述べれば、次の5つの要素が不可欠である。
① 明確なM&Aの目的を持つ
② 結果にこだわる
③ ガバナンスでやるべきことをやる
④「M&Aは有事」として経営者が関与する

⑤「共同創造」のパートナーとして尊重して向き合う

　「M&Aに成功法則は存在しない」。M&A経験の豊富な方からこのような言葉を聞くことがある。確かにM&A成功の難易度は高く、「これだけやれば絶対に成功する」という法則は存在しない。しかし、「M&Aの巧者」と言われる企業を見ると、そもそもM&Aや新規事業のプロジェクトを成功に導きやすい組織の土壌が存在することに気づく。それは「当たり前のことを継続」するということである。しかも、その「当たり前のこと」は経営者自身の「信念」として、組織に広く、深く浸透している。

　本書の内容には、著者が21年間、M&Aアドバイザー、戦略・PMIコンサルタントおよび事業会社のM&A担当者として培ったM&A、PMIおよび組織変革の知見を反映している。本書で紹介する日本企業のM&Aの失敗事例は、著者が実際に見聞したものである。事例では、「M&Aの失敗原因は組織の内部にある」という前提のもと、組織の意思決定の背景や、失敗に至った経緯の「内部事情」を可能な限り記載させて頂いた。なお、紹介した事例については、特定の企業および個人名が識別できないよう、一部、情報の加工を実施した点につきご了承頂きたい。

　本書は、これからM&Aに取り組まれる方々、PMIを始める方々、過去にM&Aを実施したが成果が上がらず、事業の改善を検討している方々などに対して、経営者、将来の経営幹部候補である実務リーダーや実務担当者が直面する課題について、課題解決の手がかりを提供できれば幸いである。

　日本のビジネスリーダーの皆様にとって、M&Aを通じ、日本経済の復活と再生のために力強く組織を牽引し、変革していくための一助となれば、望外の喜びである。

　日本経済の明るい未来のために。今、最善を尽くす。

人見　健

1

M&Aの
「成功」と「失敗」

本章のサマリー

日本企業においてM&Aは経営戦略の実現手段として定着した。
2019年の日本企業が関わるM&A件数は、4,088件と8年連続増加した。
増加の背景には、海外M&A、投資ファンドによる買収、事業承継、
業界再編、大企業の事業ポートフォリオ再編といった要因がある。

2020年のM&A案件数と金額は、海外M&Aの抑制等により減少に転じた。
しかし、企業が生き残りをかけた事業構造の改革や、
アフターコロナの成長を先取りするためのM&Aは継続する。
コロナ禍を契機に、事業環境の変化に適応できず「淘汰」される企業と、
独自性を持ち「生き残る」企業の二極化が進む。コロナ禍後の経済低迷期は、
日本企業が抜本的な事業構造改革を行うための「移行期」となる。

M&Aの主要テーマは、
①大企業による事業ポートフォリオ再編（事業売却）
②同業間の合従連衡・異業種との連携
③国内消費低迷による事業縮小・撤退
④デジタル技術による既存事業の強化・新規事業創出
である。

M&Aの成功とは、
「事業計画における業績目標の達成により企業価値が向上すること」である。
一方、本書における「失敗」とは、
買収後の業績悪化や減損損失計上などの顕在的な失敗のみならず、
将来、事業の撤退・売却に繋がるおそれのある
潜在的な「失敗の重要な兆候」も含む。

「移行期」におけるM&Aは、
限られた経営資源を限られた将来の事業成長機会に投入するため、
相手企業の目利きやPMI（M&A後の統合）の実現可能性の観点から
難易度も高く、企業はM&Aの実行力を高めておく必要がある。

日本企業は、今こそ過去の失敗を振り返り、失敗を教訓とし、
将来の事業成長機会に備えて「M&Aの経験知」を蓄積しておくべきである。

（1）経営戦略の実現手段として
定着したM&A

　M&A[*1]は日本企業の経営戦略の実現手段として定着した。レコフのM&Aデータベースによれば、日本企業によるM&Aの件数は、2008年から2011年にかけて低下したが、その後、2012年から2019年まで8期連続で増加の一途をたどり、2019年には4,088件（前年比6.2%の増加）と、過去最高となった。

　2019年の買収金額合計は、17兆8,358億円と、2018年に次ぐ高水準であった。

　2019年のM&A件数が前年比増加した背景としては、クロスボーダー（IN-OUT）、投資ファンド[*2]による買収、中小企業の事業承継、インターネット業界や自動車業界の業界再編、日立製作所やキリンホールディングスなどに代表される、大企業の事業ポートフォリオ再編による案件増が主な要因である。なお、中小企業の事業承継を目的としたM&A増加の背景には、中小企業のオーナー経営者と買い手企業を橋

*1
M&A（企業の買収・合併）
買収（相手企業の株式の過半数を取得する出資）、合併、事業譲渡、マイノリティ出資（相手企業の過半数未満の株式を取得する出資、企業間の資本業務提携に用いられることが多い）などを指す。

*2
投資ファンド
非公開企業の株式への投資を目的とした投資ファンド（いわゆるプライベートエクイティ（PE）ファンド）、ベンチャー企業への投資を目的としたベンチャーキャピタル（VC）、2010年代半ばより大企業を中心に設立が増加した企業のベンチャー投資機能（CVC：コーポレート・ベンチャー・キャピタル）による買収またはマイノリティ出資を含む。

図表1-1 日本企業が関わるM&A件数の推移

日本企業が関わるM&A件数は、8年連続増加の後、2020年は減少した。

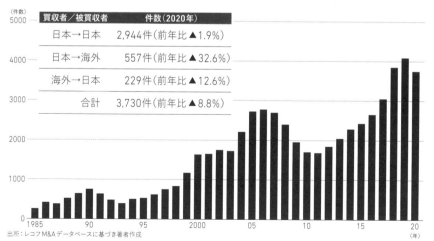

買収者／被買収者	件数（2020年）
日本→日本	2,944件（前年比▲1.9%）
日本→海外	557件（前年比▲32.6%）
海外→日本	229件（前年比▲12.6%）
合計	3,730件（前年比▲8.8%）

出所：レコフM&Aデータベースに基づき著者作成

15

*3
M&A仲介会社

株式譲渡・事業譲渡の
売主側の売却ニーズに対
して、買い手候補企業を
探索し、両社を仲介する
会社のこと。売主・買主
の双方から手数料を収
受することが多い(いわ
ゆる「双方仲介」を行う会
社)。本書では、売主・買
主のうち、どちらか片方
と契約を締結し、M&Aの
交渉の助言を行う「M&A
アドバイザー」や「ファイ
ナンシャルアドバイザー」
と区別し、双方仲介を行
う会社を「M&A仲介会
社」と呼ぶ。

渡しするM&A仲介会社[3]の躍進がある。また、投資ファン
ドによる買収(マイノリティ出資も含む)案件は877件と前
年比16.8%増加していたが、その一因として、大企業がベン
チャー企業から技術・ノウハウ・ビジネスモデルの提供を受
け、自社の新規事業開発や既存事業の強化を促進するオープ
ンイノベーション活動の活発化も背景にある。

2020年になっても投資ファンドの買収、中小企業の事業
承継、業界再編、大企業の事業ポートフォリオ再編、オープ
ンイノベーション等がM&Aマーケットを牽引しているトレ
ンドは変わっていない。しかし、クロスボーダー案件の減少
により、M&A件数・金額は減少した。

レコフのM&Aデータベースによると、2020年1月から12
月の日本企業によるM&A案件数は3,730件と前年同期比の
4,088件から8.8%減少と、9年ぶりに減少に転じた(図表1−
1)。

買収者と被買収者の所在国を見ると、まず、買収者・被買
収者ともに国内企業である案件(いわゆる「IN-IN案件」)
は2,944件と全体の78.9%(注:2019年通年では73.3%)を占
め、前年比1.9%の減少であった。

また、移動手段の制限や大型投資案件の検討中止の影響を
受け、クロスボーダー案件の落ち込みが顕著であった。買収
者が日本企業、被買収者が海外企業である案件(いわゆる
「IN-OUT案件」)は、それぞれ557件と前年同期の826件か
ら32.6%の減少であった。

全体の金額は、14兆7,741億円で前年の17兆8,358億円か
ら17.2%減少した。しかし、2020年8月以降になり、ソフト
バンクグループによる子会社アーム(英国)のエヌヴィデア
(米国)への売却(4兆2,000億円)、セブン&アイ・ホール
ディングスによるスピードウェイ(米国)などの買収(2兆
2,176億円)およびウットラムグループ(シンガポール)に
よる日本ペイントホールディングスの買収(1兆2,851億円)
など、1兆円を超える大型案件も相次いで公表された。

（2）コロナ禍後のM&Aは 「生き残りをかけて」成長と 事業構造改革の両立を目指す

2020年のM&A件数の減少は、一時的なものであると考える。

先が見通しにくい未曽有の危機であるコロナ禍においても、新たな商品、サービスやビジネスモデルを開発し、事業構造の改革を進めることができる企業は生き残ることができる。淘汰される企業と生き残る企業の「二極化」が進んでいく。淘汰は中小企業に留まらず、大企業であっても事業が大きく毀損し、財務体質が脆弱な企業も例外ではない。このように、その企業が生き残れるかどうかは、各社の危機対応への創意工夫と、経営体力にも左右される。

日本では、コロナ禍前より、国内市場の縮小などの事業環境の変化に応じた抜本的な事業構造の変革に取り組まない企業は、過当競争、過剰供給、海外市場の依存に陥っていた。各業界は、コロナ禍を契機に、従来の成長戦略を見直し、真に事業構造を変革し、新しく生まれ変わるための「移行期」にあると考えるべきである。

日本でも「生き残りをかけて」、業種を超えた企業の再編が進むことは不可避である。企業は、コスト削減など、事業構造改革を行って、キャッシュを確保して経営体力を維持しつつ、「アフターコロナ」の事業成長機会を探索し、戦略投資を継続していかなければならない。

コロナ禍を契機に加速するM&A・業界再編のテーマは以下の4点である（図表1-2）。

図表1-2 **2020年以降のコロナ禍後のM&A案件の主なトレンド**

①大企業による事業ポートフォリオ再編（事業売却）
②同業間の合従連衡・異業種との連携
③国内消費低迷による事業縮小・撤退
④デジタル技術による既存事業の強化・新規事業創出

①大企業による事業ポートフォリオ再編

　日本の大企業は、伝統的に事業売却に消極的であった。しかし、終身雇用の撤廃やコーポレートガバナンス改革に加え、コロナ禍が加わり、企業は抜本的に事業・組織変革を迫られている。今後、大企業による子会社や事業の売却は増加する見通しである。レコフによれば、2020年1月から12月に公表された日本の上場企業による子会社や事業の売却件数は399件と、過去10年間では最多を記録した。2015年以降のコーポレートガバナンス改革で、企業が投下資本利益率（ROIC）を経営指標に定め、目標を下回る事業は撤退を検討するという「選択と集中」の動きが、コロナ禍により一層浸透していくことが考えられる[*4]。

*4
日本経済新聞 2020年7月18日付

　リーマン・ショック以降、日立製作所、ソニー、パナソニック、東芝など、電機業界の各社がグループ事業の売却を率先して行ってきた。今後は、グローバルでの企業の生産活動の停滞の影響を受けている電機、機械業界、非関連事業を抱える食品会社や、グループで事業の多角化が進む鉄道・運輸業界などが、その売り手候補となろう。

　なお、大企業による事業ポートフォリオ再編は世界的な潮流である。米国のマラソン・ペトロリアム（石油精製会社）が、コロナ禍でガソリン需要が減少したことを背景に、本業に経営資源を集中するため、2020年8月、コンビニエンスストア併設型ガソリンスタンド事業を210億ドル（2兆2,176億円）でセブン＆アイ・ホールディングスに売却することを決定した。日本企業が海外企業の事業ポートフォリオ再編の受け皿となる案件である（図表1−3）。

　事業ポートフォリオ再編は、事業の「選択と集中」を意味する。事業売却を進める企業がある一方で、経営資源を集中させ、完全子会社化（上場廃止）を進める企業が存在する。ソニーは、2020年5月、ソニーフィナンシャルホールディングスを、伊藤忠商事は2020年7月、ファミリーマートを、NTTは2020年9月、NTTドコモを、おのおの完全子会社化することを公表した。

図表1-3 **2020年1月から12月に公表された日本企業による主な事業ポートフォリオ再編**
（事業売却案件）

公表年月	売り手企業となる 大企業	売却対象子会社 または事業	買い手企業	金額
2020年 1月	三井E&S ホールディングス	昭和飛行機工業	ベインキャピタル	455億円
2020年 2月	RVH	ミュゼプラチナム、 不二ビューティ（エステ事業）	G.Pホールディング	78億円
2020年 3月	ベネッセ ホールディングス	サイマル・ インターナショナル	TAKARA & COMPANY	49億円
2020年 3月	NEC	NECディスプレイ ソリューションズ	シャープ	92億円
2020年 4月	イオン	ツヴァイ	IBJ	35億円
2020年 5月	東芝	東芝ロジスティクス	SBSホールディングス	199億円
2020年 5月	LIXIL	ペルマスティリーザ（伊）	Atlas Holdings（米）	非公開
2020年 6月	LIXIL	LIXILビバ	アークランドサカモト	433億円
2020年 6月	オリンパス	映像事業	日本産業パートナーズ	非公開
2020年 7月	住友理工	防振ゴム製造子会社（仏）	ANVIS Holding（仏）	非公開
2020年 8月	三菱ケミカル	頭髪化粧品用 アクリル樹脂事業	大阪有機化学工業	非公開
2020年 8月	武田薬品工業	武田コンシューマー ヘルスケア	ブラックストーン・ グループ（米国）	2,420億円
2020年 9月	ポプラ	コンビニエンスストア事業 の一部	ローソン	非公開
2020年 9月	ソフトバンク グループ	アーム（英国）	エヌヴィデア（米国）	4兆2,000億円
2020年 9月	三菱マテリアル	ダイヤメット	エンデバー・ユナイテッド 2号投資事業有限責任組合	非公開
2020年 10月	セコム	セコムホームライフ	穴吹興産	非公開
2020年 10月	アサヒグループ ホールディングス	豪州ビール・サイダー ブランド（一部）	Heineken N.V.（蘭）	非公開
2020年 11月	キリン ホールディングス	豪州ライオン飲料事業	Bega（豪）	409億円
2020年 12月	日立グローバル ライフソリューションズ	白物家電事業	アルチェリク（トルコ）	非公開

出所：各社プレスリリース

②同業間の合従連衡・異業種との連携

　広く産業への影響力を持ち、抜本的な事業再構築を選択しにくい業種、例えば、自動車、鉄鋼、不動産、建設、金融（銀行、証券）などにおいては、生き残りをかけて同業種の合従連衡や異業種との連携が進む。

　地方銀行は、同一域内や地域を超えたアライアンスや、SBIホールティングスなどの異業種との連携を進めている。コロナ禍を契機とした、融資先の業績悪化に伴う与信費用の増加や、地方経済の低迷により、これら連携の動きはますます加速する可能性がある。金融分野の異業種連携の動きは、地方銀行だけではない。三井住友フィナンシャルグループは2020年4月、SBIホールディングスとデジタル分野を中心に包括提携をすることを公表した。

　また、自動車業界においては、全世界での新車販売台数の落ち込みにより、完成車メーカーとて経営が「安泰」な状況ではない。さらに、自動車部品サプライヤーも、世界での完成車販売の落ち込みの影響を受けた販売減少とコスト削減圧力に加え、コネクティビティ（Connectivity：外部と接続機器を通じて繋がるクルマ）、自動運転（Autonomous）、シェアリング（Sharing）、電動化（Electrification）（いわゆる「CASE」）に関する技術開発のための経営体力の強化のため、いよいよ抜本的な再編と淘汰が進む可能性がある。

　なお、グローバル市場でのプレゼンス向上のため、合従連衡の動きもある。2020年8月、日本ペイントホールディングス（以下、「日本ペイント」）は、シンガポールの塗料大手のウットラムグループ（以下、「ウットラム」）を引受先とした第三者割当増資（1兆2,851億円）を実施し、ウットラムの子会社となることを公表した。日本ペイント（現在、世界第4位）は、アジア・新興国市場の成長を取り込み、欧米の上位3企業に迫っていくためアジア企業の傘下に入ることを選んだ[5]。

*5
日本経済新聞 2020年8月22日付

③国内消費低迷による事業縮小・撤退

前述の通り、コロナ禍の影響により、小売、外食、アパレル、旅行・観光などの業種において「淘汰」される企業が益々増加する可能性がある。事業再生の困難な企業は、倒産・廃業などの道を選択せざるを得ないが、独自性があり、経営体力の残る企業は生き残って、単独で成長をするか、他社との連携を模索することになる。

例えば、アパレル業界では、2020年7月にオンワードホールディングスがZOZOとデジタル技術を使った衣料品の製造販売で提携することを発表した。アパレル業界ではネットとリアルの融合がより一層進むと予測される。

④デジタル技術による既存事業の強化・新規事業創出

デジタル技術による既存事業の強化と新規事業創出の動きは、全業種におよぶと言っても過言ではない。「ピンチをチャンスと捉え」、急成長が見込まれる分野の囲い込みも継続する可能性が高く、あらゆる業界において「バーチャルとリアルの融合」が進むだろう。

サービス業においては、消費者の在宅時間の拡大に伴い、バーチャルとリアル環境を融合させた、医療、美容・健康、スポーツ、エンターテインメント（メディア・コンテンツ、ライブ・イベント）などのサービスが浸透していく。

製造業や建設業では、現場オペレーションにおいてVR（仮想現実）、IoT、AIやロボットなどの技術を活用し、検査、整備、製品評価、トレーニングなどの領域における遠隔操作業務が広がっている。カシワバラ・コーポレーション（プラント向けのメンテナンス提供企業）は、2020年7月、同社および建設系ITスタートアップ企業への投資ファンドを通じ、センシンロボティクス（設備点検・災害対策・警備監視へのドローン活用の自動化技術を開発）へ出資した。

また、バーチャルとリアルの融合は、1次産業である農業にも普及しつつある。例えば、Regain Group（ITを活用した営業支援会社）は2020年7月、スマート農業支援のSen

Sprout（農業用IT機器の開発や農家の生産・販売・在庫管理業務のデジタル化支援会社）と資本提携し、バックヤード業務のデジタル化を支援することを公表した。

最先端のデジタル技術の開発には、ベンチャー企業の技術力が寄与することも多い。バーチャルとデジタルの融合においては、大企業とベンチャー企業が主役となり、大企業の新規事業開発、新製品・サービス開発、既存事業の機能・サービス強化のための「共創」活動がより一層進展していく。

レコフによれば、2020年1月から12月のM&A案件数3,730件の内、1,331件（構成比35.7%）はベンチャー企業の買収（資本提携を含む）案件であった。

これらベンチャー企業の中には、「ウィズコロナ」「アフターコロナ」において有望と見られている企業、例えば、オンライン会議、電子署名、クラウド、SaaS（Software as a Service：ソフトウェアをインターネット経由でサービスとして提供する形態）などのサービスを提供する企業などが含まれる。

（3）生き残りをかけたM&Aでは「失敗」が許されない

①企業が「失敗」に着目すべき理由

今、企業がM&Aの失敗に着目すべきなのはなぜか。

まず第一に、危機下において、経営資源の有効活用（お金の使い道）の巧拙がますます問われるようになるからである。企業業績の悪化により、資金調達余力の限られた企業の手元流動性[*6]は減少していく。一方で手元流動性に余裕がある「カネ余り」の上場企業に対しては、将来の事業成長機会を示せない場合、投資家からの株主還元の圧力は高まっていく。また、2015年以降のコーポレートガバナンス改革以降、投資家の資本生産性に対する期待の高まりから、企業が投下

*6
手元流動性
現預金や償還・売却期限が1年以内の有価証券など、非常に換金性の高い流動資産のこと（野村證券「証券用語解説集」）。

資本利益率（ROIC）を経営指標に定める動きも、「企業価値経営」を実践する企業を中心に広まっている。

　このような中で、企業は、経営の安定性を維持するために手元流動性を確保しながら、「アフターコロナ」の成長機会を先取りした戦略投資をしていくという「絶妙な」経営資源の配分を決めていかなければならない。2019年まで8年間続いた「M&Aブーム」では、企業の財務体質が安定していることを前提に、海外M&Aやコーポレート・ベンチャーキャピタル（CVC）を通じたベンチャー企業への積極投資が活発となった。しかし、コロナ禍以降のM&Aは、企業の生き残りがかかっている。限られた資金を使い、財務体質を毀損させないためにも失敗を減らしていかなければならない。

　第二に、景気低迷期のM&Aは、景気好況時のM&Aと比較して、成功のための「難易度」も当然高くなる。それは、不確実な事業環境において買収対象企業の事業計画の達成の難易度が高くなるだけでなく、買収時点において既に業績悪化、保有資産の価値の低下や負債の増加が発生しているため、買収後の事業を再生し、成長軌道に乗せるというPMIの難易度も高くなるからである。

　このように、事業が毀損しつつある企業を「高値づかみ」することがなきよう、企業は自社の戦略目的を明確にし、入念な事業環境と対象企業の分析を行い、「生き残る」企業の目利き力を高める必要がある。

　さらに、今後ますます増加することが見込まれるベンチャー企業の買収・出資案件は、大企業の新規事業開発の手段としては有効であるが、その実現の難易度は高いと想定される。その背景には、ベンチャー企業自身の事業・組織が成長途上にあることに加え、大企業とベンチャー企業の企業文化の違いにある。ベンチャー企業とのPMIの留意点については、第6章「スタートアップ企業と「共創」できるPMIのあり方」（p.159 〜 161）を参照頂きたい。

② M&A の「成功と失敗」とは

ここで、M&A の「成功と失敗」はどのように定義されるか。

まず、「成功」とは本質的にはM&A後の「企業の中長期的な企業価値が向上すること」である。この「企業価値」の測定のために、M&A案件公表前後の株価の推移、事業計画の達成度合い、シナジーの実現度合いなど、さまざまな指標が使われてきた。1980年代以降の欧米を中心とした各種研究では、一般的なM&Aの成功確率は「3割」程度に収斂していると言われている。本書では、M&Aの成功確率についての国内外の調査結果について、以下の3つの事例を紹介したい。

出所："Success and Failure in M&A Execution – An Empirical Study" (2018), Global PMI Partners

Global PMI Partners による調査事例（2018年）

以下は、買収企業の株式時価総額の変化をもとに「成功」を定義している事例である。PMIを専門としたコンサルタントの独立系ネットワーク組織であるGlobal PMI Partners（本部：ベルギー）の調査では、2010年から2017年に実行された全世界約1万1,000件のM&Aについて、買収企業の買収公表前の時価総額と買収価格の合計に対する、買収公表1週間後の時価総額の割合が「1」を超えた案件が「企業価値が増加した」と定義された。

調査分析の結果、「企業価値が増加した」案件は、全体の34%であった。地域別に見ると、米国・カナダが33.3%、欧州（いわゆる西欧諸国）が37.1%、中国が33.1%、中国・日本を除くアジアが29.0%、日本が28.3%であった。また、買収企業・被買収企業ともに同一国内の「国内案件」において企業価値が増加した案件は31.1%、買収企業・被買収企業のどちらかが外国企業の「クロスボーダー案件」においては、37.4%であった。

出所："Learning from Japan's Disappointing M&A Boom"(April 2020), Bain & Company

ベイン・アンド・カンパニーによる調査事例（2020年）

米国発のグローバル経営コンサルティング会社であるベイ

ン・アンド・カンパニーの日本法人は、減損損失の計上や買
収した企業の売却を失敗の一形態と見なして調査を行った。
1990年から2014年に実施された123件の日本企業による海
外企業の買収案件のうち、約25％は減損損失を計上、約10％
は事業売却または撤退に至り、残り65％は調査時点で日本企
業によって継続保有されていることが判明した。

経済産業省による調査事例（2018年）

　こちらは事業計画における業績目標の達成を成功の定義と
している事例である。経済産業省は、デロイト トーマツ コ
ンサルティングに委託し、日本企業の海外M&Aに関する調
査を実施した。調査によれば、M&A実行時に設定した対象
企業の業績目標を「8割超」達成できた企業は37％を占めた
（図表1－4）。

　なお、事業計画の業績目標の達成を判断するための成果測
定期間は、一般には3年から5年程度である。但し、スター
トアップ企業の買収や資源・インフラなど、成果測定に5年
超の期間を要する場合もあり、対象企業の成長ステージや事
業によって状況は異なる。

　一方、<mark>M&Aの失敗とは、成功の定義を裏返せば「事業計
画の業績目標を達成できず、企業価値増加に繋がらなかっ</mark>

出所：「日本企業の海外
M&Aに関する意識・実
態調査」（2018年3月、経
済産業省によるデロイト
トーマツ コンサルティン
グへの委託調査）

図表1-4 **日本企業による海外M&Aの成功確率**

「M&Aを実行する際に設定していた
業績目標を何割達成できたか」を質問

「成功」
…8割超達成した企業

「失敗」
…達成率5割未満の企業

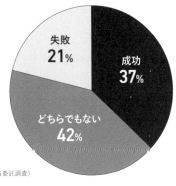

失敗
21%

成功
37%

どちらでもない
42%

出所：日本企業の海外M&Aに関する意識・実態調査結果
（2018年3月、デロイト トーマツ コンサルティング／経済産業省委託調査）

n=145

た」ということである。世間一般では、買収した株式の評価額を減損したことが失敗と見なされるケースが多いようであるが、それは正しくもあり、そうではない場合もある。なぜなら、減損損失は、買収した会社の収益性の低下に伴う資産の評価額の切り下げを意味しているが、入札案件や業界他社の企業価値が高騰しているケースでは、市場価値を上回る価格での買収判断をせざるを得ないケースも実際に存在するからである。

しかし、買収した会社の株式を減損させず継続保有しているが、自社とのシナジーを何も生んでいないケースも多数存在する。「何も起こらない」ことが「成功」とは言えない。

本書では、買収した子会社の業績悪化およびシナジーの未実現などによる業績目標の未達や減損損失の発生など、実際に失敗が顕在化したケースに加え、将来、買収した事業の撤退・売却に繋がるおそれのある潜在的な「失敗の重要な兆候」も「失敗」と定義した。潜在的な失敗の重要な兆候とは、例えば、投資回収の長期化、主要顧客やキーとなる従業員の喪失、子会社を長期間「放置」したり、親会社のルールを無理に押し付けたりした結果、親・子会社間の信頼関係の喪失（言い換えればガバナンスができていない）などの状況に陥っていることである。

潜在的な要因に着目するのは、景気低迷期においては、M&A後の事業環境の悪化により、これら潜在的な失敗の兆候が顕在化しやすく、事前予防的な対応が必要となるからである。具体的な失敗の要因については、第2章を参照頂きたい。

コラム　M&Aの成果は何年で測るべきか

前述の通り、企業の投資家の視点から言えば、M&Aの成果が出るまでに「忍耐」できる期間は長くても3年〜5年程度である。日本電産会長兼CEOの永守重信氏は、「PMIは日本企業で1年、アジア企業が2年、欧州企業が3年、米国企

業は5年かかる」と言っている[*13]。

　一方、ブリヂストン取締役会長の津谷正明氏は、2016年の雑誌インタビューで「1988年に米ファイアストンを買収してから米州事業が軌道に乗ったのは2010年からで、22年の月日を要した」旨の発言をしている[*14]。

　10年、20年かけて「成功した」買収は、「成功」と言えるのか。著者の意見では、「成功となり得る」である。なぜなら、M&Aの成功は、投資家の視点だけでなく、被買収企業の顧客、従業員、親会社の関係者など、さまざまなステークホルダー（利害関係者）の視点から論じられるべきであるからである。特に、PMIは「人と人が成せる技（業）」である以上、子会社となった会社の従業員が「本当に親会社のグループ入りをして良かった」と感じられることが最も大切であるからである。そのためには、長い期間をかけて、親会社と子会社の経営陣・従業員が事業をよくするために「対話」を重ねていくことが必要である。

　もちろん、買収後のPMIで相手企業を「放置」することを正当化しているわけではない。日本人は、「あきらめないこと」「不屈の精神」など高い精神性を強みとして、明治維新以降、幾度も国家の危機を乗り越えてきた。危機に直面した今、日本企業の「粘り強さ」が活きてくる時である。

　「M&Aの成果は20年後に判断すべきである」──米国の投資銀行での勤務経験を持ち、企業財務理論の専門家である大学教授が言った。「M&Aの真の評価には10年から15年かかる」──グローバルでの大型PMIに一段落したある上場企業のCFOが言った。短期の成果も真なり、10年・20年の成果もまた真なりである。

*13
日本経済新聞 2017年8月5日付

*14
ダイヤモンド社 DIAMOND Quarterly（2018年秋号）

（4）危機は過去の失敗から教訓を得る 「好機」である

　以上で述べた通り、2019年までの8年間の「M&Aブーム」が終わり、2020年以降の「移行期」（事業構造・ビジネスモデルの変革期）におけるM&Aでは「生き残りをかけたM&A」がテーマになる。経済の停滞期におけるM&Aは、限られた経営資源を限られた将来の事業成長機会に投入するため、相手企業の目利きやPMIの実現可能性の観点から難易度も高く、企業はM&Aの実行力を高めておく必要がある。

　日本企業は、今こそ過去の失敗を振り返り、失敗を教訓とし、将来の事業成長機会に備えてM&Aの「経験知」を蓄積しておくべきである。

　2019年までの8年間のM&Aブームにおいて、ベンチャー企業への投資も活発化したが、大企業とベンチャー企業のスピード感や組織風土の違いにより、ベンチャー企業の技術、ノウハウ、人材を活かして事業の成長を図ることは難しいことを多くの企業が学んだ。伝統的な組織ルールを有する企業がM&Aをしていくことは、今や限界を迎えている。企業は自らの伝統的な商習慣や組織ルールの問題点に気づき、自らの思考・行動様式を変えていかなければ生き残れない。

　第2章以降では、日本企業によるM&Aの成功を阻害する組織の内部要因に着目し、その改善策について検討していきたい。

2

M&Aの「失敗」
〜7つの「悪しき種」

M&Aの失敗は、外部環境のせいでも、相手のせいでもない。
失敗の原因は自社内にある。
自責思考で取り組むことが、M&Aの失敗を減らすための第一歩である。

失敗の原因となる「悪しき種」は
①「M&Aありき」のあいまいな目的
② リスクの楽観的バイアス
③「自己保身的」行動
④ 結果責任意識の欠如
⑤「有事性」の理解不足
⑥「自己流」マネジメント方式の踏襲
⑦ 経営者的思考の弱さ
の7点である。

上記のM&Aの失敗の背景には、
「プロセス思考が強く、進み出したら軌道修正できない」
「トップのリーダーシップが弱く、組織の責任があいまい」
「共同体意識が強く、新たな価値観を受け入れにくい」
という
3つの日本の伝統的企業の組織風土が関係している。

「業績のよい企業を買い、放置し、何事もないことを望む」
という「神頼み」は、不確実性の高い事業環境では通用しない。
シナジーの検討ばかりにフォーカスしてきた企業は、
対象企業のリスクを見極めることを忘れていないか。
「リスクの楽観的バイアス」（失敗原因2.）を減らすため、
今こそ事業継続リスクの分析を再認識する時である。

（1）M&A失敗の原因は社内にある

「外部環境の想定外の変化による資産の収益性の低下」。

上場企業が過去に買収した企業の株式（子会社株式）などの減損を対外公表する際に、頻繁になされる減損の理由の説明である。確かに、事業は「生き物」である以上、買収して数年後に、事業環境が買収時の想定に反して悪化するということはあり得る。

しかし、外部環境の変化要因を除けば、失敗の要因の多くは自社の組織の内部に存在すると言っても過言ではない。なぜなら、M&Aの検討と実行は「人間技」であり、多くの人が関与するからである。M&Aは限られた情報をもとに、限られた時間で多面的に案件を検討し、意思決定をしなければならない。また、PMIフェーズにおいては、相手企業の客観的な状況分析に加え、シナジー実現のための社内調整力や相手企業のマネジメントと信頼関係を構築する上での人間力も求められる。

この際、M&Aの関与メンバーは、時間、相手先との交渉、社内調整のプレッシャーに耐え、常に冷静かつ客観的な視点を保持しなければならないが、人間が関わる以上、どうしても判断や対応の過ちは起こりうる。

失敗の「起因」は、M&Aプロジェクトに関わるメンバー一人一人の思考のバイアス（先入観）、経験不足、自己保身的な行動や、組織の支配的な価値観や思考・行動様式（いわゆる組織風土）等にあり、これらの起因が顕在化すると失敗に繋がる。

「自責思考」で失敗を教訓とすることが
「M&Aの巧者」となる第一歩

このように、M&Aの失敗原因を外部環境のせいや相手のせいにせず、「自責思考」で組織内を内観・分析し、失敗を教訓とすることで、次のM&Aを検討・実施する際に失敗を減らし、組織の実行能力が向上していく。例えば、「外部環

境の想定外の変化」は、本当に「想定外」であったのか。市場調査や相手企業のデューデリジェンスの結果、外部環境が悪化する兆候は本当に見られなかったのか。これが自責思考での失敗要因を分析する際の一つの視点である。

　本章では、「M&A失敗の起因は社内にあり」という視点で、著者が過去に実際に見聞したM&A事例に加え、一般に公表された日本企業が関わるM&Aの失敗事例をもとに、典型的な失敗原因を7つに類型化することを試みた。

「高すぎる買収」となる原因は組織の内的要因に帰結する

　本章では、国際的なM&A研究においてたびたび、典型的な失敗原因と称される「払いすぎ（Overpaying）」（買収価格が高すぎること、いわゆる「高値づかみ」）は取り扱わない。確かに、買収価格が公正価値＊1（または、適正市場価値）を大幅に上回ることで、将来、買収した株式の減損のリスクは高まる。買収者が複数参加する入札案件では、一般に競争原理により買収価格は高くなりがちである。しかし、買収価格の多寡は、あくまでも結果論に過ぎず、そのような買収案件に「飛びつく」ことを余儀なくされた、あるいは、当初企図したシナジーの実現を困難ならしめた自社の組織内に起因があるはずである。

（2）｜事例1｜ 初めての海外M&A ～A社はなぜ「失敗」に至ったか

初めての海外M&A

　A社は、業界トップシェアの産業用部品を製造する企業である。これまで大口ユーザーが海外で現地生産を開始するたび、現地に工場を設立し、部品を供給してきた。A社にとって、大口ユーザーの意向に従い、生産計画を立案し、ユーザーの要求を満たす製品を安定供給することが経営方針の最上位に位置付けられていた。

　しかし、近年、Ａ社の製品領域は、低コストで供給可能な
新興国企業にマーケットシェアを侵食されつつあった。自社
の持続的な事業成長に懸念を抱いていたＡ社社長は、就任
後、新規事業の開発を強化した。国内では外部企業との業務
提携や小規模なM&Aを実施し、将来の事業の種となる技術
を発掘していた。

投資銀行から持ち込まれた買収案件

　そのような中、投資銀行から欧州企業（以下、「対象企
業」）の買収案件が持ち込まれた。対象企業は、Ａ社とエン
ドユーザーは同一ではあるが、取り扱う製品群はＡ社の製品
と競合せず、隣接する領域であった。なお、Ａ社は、M&A
の対象領域について事前に検討はしておらず、候補先企業の
リストも作成していなかった。また、海外事業の成長戦略に
ついても、特段、策定されていなかった。

　さらに、社内でM&Aを担当する組織は設置されておら
ず、経営企画部メンバーを中心に検討チームが発足した。Ａ
社は、対象企業の製品群はＡ社と近く、何らかの販売シナジ
ーが得られるのではという想定で対象企業の買収の検討を開
始した。これまでも欧州市場に進出を果たしていたが、あく
までも日系の大口ユーザー向けに生産供給するための拠点で
あり、現地市場に精通しているわけではなかった。

組織の横連携の不足

　Ａ社の事業はほぼ2〜3の製品領域に絞られており、事業
部制組織ではあるが、実質的には一つの事業部の売上規模が
全社売上高の過半を占めていた。社内組織も、その事業部の
事業運営の最適化のため、生産、調達、研究開発、管理部門
などの各機能部門が支援することを主目的として設計されて
おり、実質的に機能別組織に近い形態であった。

　この組織形態は、大口ユーザーから示達された将来数年間
の要求生産数量を確実に達成するため、事業部の主導のも
と、共通の目的に向けて各部門が横連携を取ることができ、

大幅な環境変化を想定しない平時での事業運営では適した形態であった。しかし一方で、社内では、各部門が自部門の効率性を追求しすぎるがあまり、組織が「内向き」となり、部門間のコミュニケーションの悪さ、外部環境に対する意識の欠如が度々指摘されていた。

　経営企画部は、投資銀行の他、会計事務所、法律事務所をアドバイザーとして雇い、買収案件の検討を開始した。投資銀行は経営企画部、会計事務所は経理部、法律事務所は法務部が、おのおのの実務調整の窓口となった。

　対象企業の財務および法務面のデューデリジェンス（買収前）の結果、事業リスクについて外部アドバイザーから指摘事項が挙げられていたが、そのリスクをどのように投資判断や買収契約交渉に活かしていくのか、総合的に判断できる人材が社内に存在しなかった。また、経営企画部、経理部、法務部間のコミュニケーション不足もあり、作業連携が円滑であるとは言えなかった。当社は、事業部の責任のもと、各管理部門が事業部と連携を取ることには慣れていたが、管理部門間で横連携を取ることは少なかった。

事業に対する知見の不足

　また、対象企業の事業を評価するメンバーがプロジェクトチームに配置されていたが、そのメンバーはビジネス面のデューデリジェンスの目的を、対象企業と自社とのシナジーの分析に絞っており、欧州の事業環境、対象企業の顧客、組織、経営資源の強みや弱みの分析はあまり行われていなかった。

　対象企業のデューデリジェンスが終了し、A社は経営会議において本件買収を進めるか否か、審議を行った。議論の中で、対象企業の主力製品の売上が減少傾向にあることが指摘された。しかし、プロジェクトチームからは、「確かにその兆候はあるが、対象企業は現地市場で業界上位のポジションを長年占めている企業であり、優良顧客を持っていることから当面事業は安定しているだろう。しかも、相応のシナジー

も見込まれることから本件買収は実施すべき」という意見が表明された。

これに対して、A社社長はネガティブな反応をせず、他の役員も異論を唱える人はいなかったことから買収契約は締結され、M&Aは実行された。

「任せる経営」のスタート

買収直後、対象企業（以下、「子会社」）の経営体制と親会社のガバナンスに対して社内で議論がなされた。A社社長としては、子会社の事業は「安定しており」、社長のこれまでの功績を評価し、A社側でも子会社の事業を理解している人材がいなかったことから、現任社長を続投させることとした。また、親会社側で子会社の経営をモニタリングする組織を明確に特定せず、経営企画部がPMIの事務局機能を担うが、事業・収益責任は子会社社長に課すこととした。このようにして、親会社側の責任があいまいなまま、買収した子会社への「任せる経営」がスタートした。

A社では、国内・海外に多数の子会社を有するが、従来の子会社は、A社本体の生産機能や物流機能の一部を担う「機能子会社」が主であった。今回買収した欧州子会社のように、自ら販売先を有し、親会社から独立して収益を獲得する事業会社のマネジメントの経験はなかった。また、これら機能子会社の事業運営については、担当事業部や本社機能部門が関与することはあっても、社長や担当外の他の役員が関わることはなかった。

欧州子会社の買収直後、A社社長が現地を表敬訪問し、子会社社長とシナジーについて議論を行った。しかし、その後、社長が関与する頻度は減少し、経営企画担当役員、財務担当役員、親会社側でシナジーの施策を担当する役員などが、定期的に子会社の社長や担当役員から業績報告やシナジー施策の進捗報告を受けるに留まった。

A社役員は、欧州子会社に対し、親会社の品質基準や決裁

規程への適応をするよう要求した。しかし、Ａ社役員は、欧州子会社の事業の実態について知識を有しておらず、機能子会社以外の海外企業のマネジメント経験もなかったことから、子会社の事業の相談に乗り、親会社の経営方針を積極的に共有することはしなかった。従来の機能子会社では、現場レベルで親子会社間の業務連携が定着していることから、親会社の役員の関与頻度は重要事項を除き少なかった模様である。

裏目に出た「任せる経営」

　Ａ社が欧州子会社を買収して２年が経過したころ、子会社より、突然、業績予測の大幅な下方修正が報告された。原因は、大口販売先とのプロジェクトが遅れ、大幅なコスト増が見込まれるとのことであった。Ａ社役員は慌てて、子会社社長に背景を聞くと、その顧客はＡ社による買収前から販売額減少の兆候があった顧客であり、子会社ではこの顧客との取引を維持するために、無理な取引条件での受注をしていたことが判明した。

　Ａ社は当初、子会社の事業は安定していると楽観的な想定を置き、かつ「絵に描いた」シナジーを見積もることにより事業計画を過大評価していた。そして、子会社に「経営を任せる」前提でPMIを開始したことから、事業のモニタリングが甘くなり、業績悪化の兆候を見抜くことができなかった。

　子会社の大幅な収益性の低下を受けて、Ａ社は子会社株式の減損損失の計上を余儀なくされた。以降、Ａ社では海外企業の買収は「トラウマ」となってしまった。その後、Ａ社では積極的な海外成長戦略の実現手段を見出せていない状況にある。

　Ａ社の失敗事例は、実は、「他山の石」ではなく、ここから日本企業における組織に内在するM&Aの失敗の典型的な原因（起因）を見出すことができる。以下、７つの典型的な

失敗原因について考察する。

失敗原因1. 「M&Aありき」のあいまいな目的（手段の目的化）

A社は、対象企業の買収において、明確なM&Aの目的を持たぬまま買収を進めてしまった。まず、M&Aを実施した背景として、持続的成長、規模拡大への「焦り」があった。もちろん、危機意識が組織の閉塞感を打破することもあり、経営者の「英断」は必ずしも悪いことではない。しかし、A社の場合、何のためにM&Aをするのか、M&Aを活用した自社の成長のシナリオ・ストーリー（M&A戦略）が明確でないまま、「シナジーがありそうだ」というだけで買収を実行してしまった。

失敗原因2. リスクの楽観的バイアス

A社は、デューデリジェンスにおいて対象企業の売上減少の兆候を知りながら、「当面の間、事業は安定していると見込まれる」と判断してしまった。このように、将来の潜在的リスクを過小評価してしまうことを「リスクの楽観的バイアス」と呼ぶ。その要因の一つは、失敗原因1.とも関連する。つまり「M&Aありき」で案件を検討することで、対象企業に潜む事業リスクを見落とす、過小評価する、あるいはリスクを提起する意見が棄却されがちということが起こるのだ。

失敗原因3. 「自己保身的」行動

A社では、社長が特段反対意見を述べないことから、他の役員やプロジェクトメンバーも買収に対して異を唱えなかった。このように権威のある人や影響力のある人に対して「忖度」する行動は、どの組織でも起こりうる。背景の一つとして、組織内の大勢を占める意見に対して、反対意見を述べたり、消極的態度を取ったりすることが自らの立場を危うくするため、避けたいという自己保身の心理が働くことが考えられる。

失敗原因4. 結果責任意識の欠如

　A社はもともと、事業部のリーダーシップのもと、各組織が互いに機能を補完しあう組織風土があった。しかし、この組織運営思想は、M&Aのような非定常的な判断が求められる業務の場合、横連携が機能せず、組織間で責任の押し付け合いになってしまった。また、A社は本社側で子会社の経営をモニタリングする、組織や担当役員を明確に決めていなかった。このような結果、責任意識の欠如というものが根底にあった。

失敗原因5. 「有事性」の理解不足

　M&Aは通常の事業と異なり、有事のイベントである。本来、有事であれば、従来の組織ルールやスピード感を超えた「超常的な」意思決定が必要である。これを実現できるのはトップしかいない。日本企業では、この特徴を理解せずに、M&Aでも既存事業の組織運営思想と同様にルーティンワークのように進めてしまうことで、重要事項への対応の遅れが生じる。A社でも、M&Aは有事のイベントであることが理解されておらず、トップの関与が薄く、結果、ボトムアップでのPMIが進められていた。

失敗原因6. 「自己流」マネジメント方式の踏襲

　M&Aでは、自己の組織運営思想をそのままPMIに持ち込むことで、相手企業との信頼関係構築に支障が出ることがある。例えば、「言えばわかるだろう」「阿吽の呼吸」といった、明文化されていない「暗黙知」を前提としたマネジメント思想では、文化の異なる企業との意思疎通を円滑に進めることはできない。A社も、欧州現地市場の顧客の特性・嗜好を十分に理解せず、子会社にも他の機能子会社と同様、本社の品質基準やルールを一方的に適用しようとしていた。

失敗原因7. 経営者的思考の弱さ

　「経営者的思考」とは、欧米、新興国（中国、東南アジア

など）や日本のグローバルで成功している企業やスタートアップ企業の経営者であれば、必ず発揮している「バックキャスティング思考」（なりたい姿・ゴールから逆算して今すべきことを考える思考）や「仮説思考」（限られた情報で仮説を立て、速やかに実行し、その結果をもとに軌道修正していく思考）といった経営者的思考や行動様式は、日本の伝統的企業に根付いていないことも多い。A社においても、親会社から子会社に対して、「事業のことはよくわからない」ことを理由に、トップダウンで戦略や方針共有をすることはなく、経営は子会社社長任せになっていた。

　以上の通り、A社による欧州企業の買収の失敗の背景には、7つの要因が相互に関係して存在している。その内、特に重要な失敗原因は、失敗原因1.「M&Aありき」のあいまいな目的、失敗原因4.結果責任意識の欠如および失敗原因6.「自

[図表2-1] **日本企業の典型的なM&A失敗のメカニズム：A社の例**

A社では、M&Aの目的、評価基準および責任の所在を明確にせずに案件を遂行した結果、「事業は現地に任せる」の想定が崩れ、業績悪化への対応が後手に回った

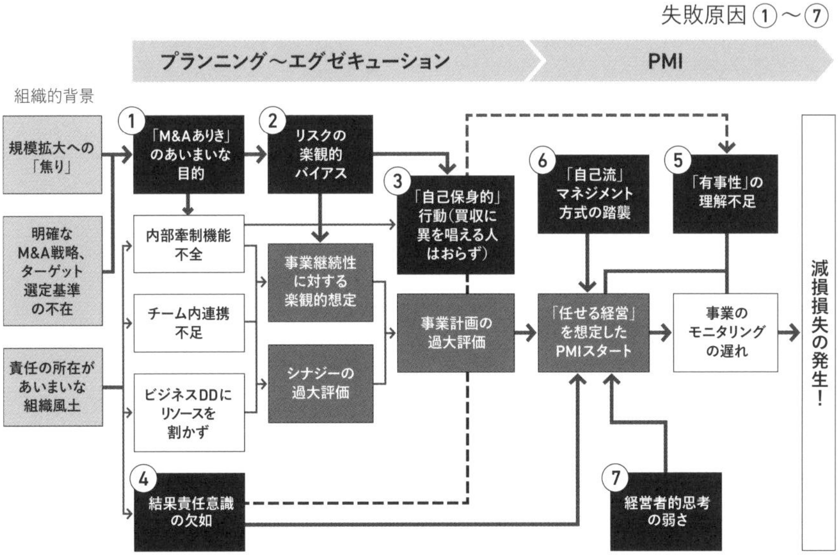

失敗原因 ① 〜 ⑦

7つの「悪しき種」	悪しき種の現れた行動（例）
1.「M&Aありき」のあいまいな目的（手段の目的化） ⇒第4章にて事例紹介	・規模拡大のためにM&Aを実行する ・M&A候補先企業の選定・評価基準を持たず、投資銀行やM&A仲介業者から紹介された案件に飛びつく ・「シナジーがありそう」だけでその企業を買収する ・M&A契約を成立させた人が社内で昇進する
2. リスクの楽観的バイアス ⇒第4章にて事例紹介	・対象企業の事業継続リスクを過小評価する ・シナジーの実現可能性を過大評価する ・対象企業の業績悪化の兆候を看過する ・対象企業の法的リスク（例：訴訟、行政官庁からの処分など）は、過小評価され早期に収束すると想定される
3.「自己保身的」行動 ⇒第4章にて事例紹介	・M&A推進派の上席者（社長、担当役員など）に忖度し、上席者の望む方向に論理を組み立てる ・M&A案件に異を唱えない ・対象企業の事業リスクが検出されても、社内で強く主張することを避ける（2.「リスクの楽観的バイアス」にも関連）
4. 結果責任意識の欠如 ⇒第5章にて事例紹介	・M&Aを実行（対象企業を連結子会社化）すれば完了と考えている ・よって、PMIは不要と考えている ・買収後、子会社に経営を「任せる」ことを正当化する。または子会社を「放置」する ・子会社の業績のモニタリングを徹底しない。仮に評価基準が存在したとしても、例外事項を多く許容し、実質的に子会社管理が形骸化している ・買収後の子会社の業績やシナジー実現の進捗状況に関わる対外開示・説明に消極的である ・買収した子会社の本業の業績が良ければ、「M&Aは成功」とみなされる風土がある（たとえシナジーは未実現であっても）
5.「有事性」の理解不足 ⇒第5章にて事例紹介	・M&A・PMIへのトップの関与が薄い。通常の設備投資案件のように、ボトムアップで検討をさせる。PMIでもトップが相手企業に顔を出さない ・契約成立後、PMIは事業部任せとなる ・事業部担当役員もPMIに必要な人的リソースを増員しようとしない ・組織長（部課長）も担当者任せで、自ら案件を推進しようとせず、部下が行った業務のチェック役に回る
6.「自己流」マネジメント方式の踏襲 ⇒第6章にて事例紹介	・自社流の価値観、ルール、仕事のやり方を相手企業に押し付ける ・「当社の方が上」と、上から目線で対応する。相手への尊重心が欠如し、相手企業の良いところ、現地の市場・事業特性を学ぼうとしない ・自社流の価値観、ルール、仕事のやり方が、相手にとっては違和感があることに気がつかない ・自社流が相手企業には適応できないことがわかっていても自社のルールを変えられない ・自社のルールを変えて「例外扱い」を許容する（例：決裁規準）勇気がない（3.「自己保身的行動」にも関連）
7. 経営者的思考の弱さ ⇒第6章にて事例紹介	・ゴール思考／バックキャスティング思考が弱い。あるべきゴールとゴールまでの道筋を示さない ・仮説思考が弱く、枝葉末節な情報を集めないと判断できない ・上記の結果、経営方針やシナジーについて、親会社の意見を発信できない

「悪しき結果」（例）

- 子会社を放置し、親子会社関係が希薄となった結果、新たな親会社の戦略浸透や方針徹底がしにくくなる
- 投資回収ができない（引いては減損リスクあり）
- 子会社にM&Aの目的を明確に説明できず、子会社はグループ入りした意義を理解できない
- 子会社のガバナンスの「グリップ」が握れず、信頼関係の悪化や子会社の業績悪化への対応が後手に回る
- 子会社側もグループ入りしたメリットを享受できず、親会社との関係が悪化する

- 子会社の業績予測の下方修正、業績悪化
- 子会社の法的リスクの解決の長期化、実損害の発生・拡大
- 子会社の事業縮小・撤退
- シナジーの未実現
- 親会社の減損損失
- 親会社の事業撤退

- 子会社の事業リスクの顕在化による業績悪化。最悪の場合、親会社の減損リスクに繋がる

- 子会社を放置し、親子会社関係が希薄となった結果、新たな親会社の戦略浸透や方針徹底がしにくくなる
- 子会社のガバナンスの「グリップ」が握れず、信頼関係の悪化や子会社の業績悪化への対応が後手に回る
- 投資回収できない（引いては減損リスクあり）
- 業績の悪い子会社社長を留任させる
- 投資家からの評価が低下する（M&Aが不得手な企業としての認知を受ける）

- トップの関与による組織内の「自己規律」が働かない。PMIの結果が出にくい
- 子会社からトップの顔が見えない（ボスが誰だかわからない）ことにより、親会社の方針がわからない。親会社グループへの帰属意識が生まれない
- PMIの実務人材の不足により、子会社とのコミュニケーションが希薄となる
- 組織長の関与不足により、重要な統合方針の意思決定をボトムアップで進めなければならず、事業運営の迅速性に欠ける

- 子会社経営陣と従業員の自尊心を傷つけ、相互信頼関係が構築できない。最悪の場合、子会社キーパーソンの離職に繋がる
- 子会社の市場・事業の特性に合わせた適切な意思決定ができない（例：ビジネスチャンスを失う）
- 子会社の企業風土の良い面を阻害する（例：イノベーションを阻害する）
- 親会社の経営センスの不足に対する子会社の失望感が増幅する

- 子会社にとって自社の将来ビジョンが見えず、経営陣・従業員のモチベーション低下に繋がる
- 明確な方針共有のないまま、親会社の資料・情報要求に応えなくてはならず、子会社側に不満が増幅する

己流」マネジメント方式の踏襲の3点であったと著者は捉えている。上述の通り、A社では、M&Aの目的、評価基準および責任の所在を明確にせずに案件を遂行した結果、「事業は現地に任せる」という想定が崩れ、業績悪化への対応が後手に回ってしまった（図表2−1を参照）。

（3）　「悪しき種」は「悪しき結果」を生む

　A社の7つの失敗原因は、日本企業にとっても典型的な失敗原因となり得る。また、各原因は、M&A対象企業の潜在的な事業リスクの見落としやPMIにおける相互信頼関係の悪化に繋がり、PMIの成功＝買収時に計画した事業目標の達成の阻害要因となる。これら阻害要因が重なると「悪しき結果」、言い換えれば事業目標の未達、最悪のケースでは減損損失という形で顕在化する。このように「悪しき結果」には「悪しき起因」がある。

　本項では、A社から日本企業へと検証対象を拡張し、7つの悪しき起因（種）があるとどのような悪しき結果を生むのか、具体的な事象例について概括したい（図表2−2）。なお、「悪しき種」と「悪しき結果」の関係性は、必ずしも一対一の因果関係ではなく、失敗には複合的な原因が絡んでいる。

　上記の通り、7つの失敗原因は、子会社の業績悪化への対応の遅れ、シナジー実現の遅れ、子会社経営陣・従業員のモチベーションやグループ帰属意識の低下などの悪しき結果を招き、最悪の場合、子会社株式の減損、キーパーソンの離脱、事業の撤退などに繋がることもある。「悪しき種は悪しき結果を生む」。歴史上の偉大な先人が残した言葉である。悪しき結果を生む、わずかな兆候を見逃さず、早めの対処をしておくことがM&Aの失敗を減らすための鍵である。

　これら「7つの悪しき種」の背景には、伝統的な日本企業

図表2-3 「M&Aの失敗の本質」の根底にある特徴的な日本企業の組織風土

①戦略がなく／プロセス思考が強く、進み出したら軌道修正できない

②トップのリーダーシップが弱く、組織の責任があいまい

③共同体意識が強く、新たな価値観を受け入れにくい

の組織風土が関係している（図表2-3）。

　「7つの失敗原因」のうちまず、1.「M&Aありき」のあいまいな目的、2.リスクの楽観的バイアス、および3.「自己保身的」行動は、「戦略がなく／プロセス思考が強く、進み出したら軌道修正できない」という組織と構成員の思考・行動特性を表している。1.、2.および3.が失敗原因となる事例については、第4章において紹介したい。

　次に、4.結果責任意識の欠如、および5.「有事性」の理解不足は、「トップのリーダーシップが弱く、組織の責任があいまい」という組織の意思決定・責任体系が背景にある。4.および5.が失敗原因となる事例について、第5章において紹介したい。

　そして、6.「自己流」マネジメント方式の踏襲、および7.経営者的思考の弱さは、「共同体意識が強く、新たな価値観を受け入れにくい」という組織の内向き志向を表している。6.および7.が失敗原因となる事例については、第6章において紹介したい。

（4）不確実性の高い環境では、リスクの 楽観的バイアスを減らす努力を怠らない

　日本企業は、世界的な感染症拡大、自然災害、主要国間の政治的分断、サプライチェーンの分断など、未曽有の事業環

境の脅威を経験した。このような不確実性の高い事業環境において、「業績のよい企業を買い、放置し、何事もないことを望む」という「神頼み」は、通用しない。対象企業の事業が安定していることを前提に、規模拡大などの「不純な」動機でM&Aを実施してきた企業はもちろん、すべての日本企業が基本に立ち返り、買収検討時に対象企業の事業継続リスクを見極める（失敗原因2.「リスクの楽観的バイアス」を抑制する）ことを徹底する良いタイミングである。本章では最後に、M&A対象企業の事業継続リスクを見極める際の重要な視点について解説したい。

　事業継続リスクとは、M&A対象企業が、中長期的な持続的成長（売上および利益）を実現する際の阻害要因のことを意味する。ここでは、特にデューデリジェンスの際に必要となる、事業環境、ケイパビリティおよび財務の3つの視点に関わる主な評価ポイントを紹介したい（図表2−4）。

事業環境の評価：潜在的な事業の成長性はあるか

　まず第一に、事業環境の評価では、対象企業が事業を展開する外部環境（経済、政治、社会、業界等）において、対象企業の事業継続性に影響を与える要因について分析する。ここでのテーマは、「対象企業の潜在的な事業の成長性はあるか」ということである。この事業の成長性を分析する目的は、マクロ経済環境、潜在顧客の需要動向、業界の競合企業の動向から見て、対象企業が属する市場の潜在的成長性と対象企業の成長余地を探ることにある。

　事業を取り巻く外部環境が大きく変化する中、市場の潜在的成長性と業界各社の競争環境の変化を分析することは容易ではない。海外の他地域において事業展開をしている企業の場合は、なおさらである。過去の市場・業界データや調査機関の予測データを用いたデスクトップ分析のみならず、顧客の事業構造や行動の変化を予測し、顧客や業界有識者などのインタビューを通じ対象企業の持続可能な強みを見極めていく必要がある。

図表2-4 事業継続リスクの見極めに際しての主な評価の視点

事業環境 の評価	・対象会社の属する市場の潜在的成長性（経済環境、政治動向・社会動向を含むカントリーリスク、顧客の需要、新規参入状況、技術革新、規制動向などを踏まえた市場規模の成長率） ・競合の戦略、ポジショニング、強み・弱み ・業界で「勝ち組」となるためのKSF（主要成功要因） ・流通構造、地域特有の取引慣行　　　　　　　　　　　　　　　　など
ケイパビリティ の評価	・バリューチェーン（設計・開発、調達、製造、品質保証、マーケティング、販売、サービス）の中での価値の源泉・強みは何か ・ビジネスモデルの強み ・顧客との強固なリレーションシップ ・事業運営体制（組織リーダーの能力、権限委譲の程度、リソースの質的・量的十分性、社内他部門との連携・サポート体制） ・業務を支えるインフラ（業務システム）や顧客接点の巧拙 ・事業の根幹となる、許認可、知的財産権、重要な契約　　　　　など
財務面 の評価	・顧客・事業別売上構成比の変化 ・顧客別・事業別損益の変化 ・運転資金（売掛、在庫、買掛）のサイト変化 ・収益獲得のための費用（販売促進費、リベートなど）と収益の関係 ・（特殊要因を排除した）継続可能利益の分析　　　　　　　　　　など

ケイパビリティの評価：経営資源や組織能力を見極める

　また、過去実績値だけでは対象企業の実力を測れない状況は、スタートアップ企業のみならず、業歴を有する企業においても同様である。スタートアップ企業では、ビジネスモデルの強みを評価するため、それを裏付ける「ケイパビリティ」の評価が特に重要になる。ケイパビリティとは、人材、技術、ノウハウ、業務システム、外部との関係性など経営資源や、トップの人間力や組織構成員の能力も含めた組織能力を指す。

　スタートアップ企業では、それら強みとなるケイパビリティが今後も維持できるかどうか、知的財産の権利保護、人材のリテンションの施策、サービスの競合比の優位性、ビジネスを支える業務システムの拡張性や主要株主の動向など、さまざまな観点で見極めていくことになる。製造業においては、「アフターコロナ」において、生産拠点の分散を含む、

サプライチェーンの変化が進展すると想定した場合の、事業の継続性を担保する調達先の多様化、自動化、外部サプライヤーも含めた工程間連携や、それらを支えるデジタル化投資の体力などが検証テーマとなっていく。

財務面の評価：わずかな変化も見逃さない

　最後に、財務的観点からの事業リスクの変化の兆候や本業の収益力の変化は、「わずかな異変も見逃さない」姿勢で分析することが必要である。例えば、主要顧客との取引量・金額や取引条件に変化はないか、もし悪化している場合には何らかの理由で顧客の需要が落ち込んでいる、対象企業が競争力を失っているなどの原因が考えられる。経済環境が厳しい状況においては、想定外の顧客からの取引縮小、コスト削減や支払条件変更の要求もあり得る。また、調達先が限定され、調達コストの高騰や生産の遅れなども想定される。「古典的な」財務デューデリジェンスにおいては、対象企業の損益や財政状態の期間比較を行い、特殊要因のヒアリングを行うなど、全社的なトレンド分析に留まっていた印象がある。財務デューデリジェンスの専門家に任せきりとせず、自ら対象企業を取り巻く損益や財政状態の悪化要因を仮説で想定し、掘り下げた質問を出すなど、企業の担当者の関与を増やす必要がある。

　なお、財務、法務、ビジネス、IT、環境などのデューデリジェンスは、企業側が外部専門家への依頼コストを抑えるため、対象企業の事業リスクや投資規模と比較して、調査範囲が絞られているケースが散見される。一方で、外部専門家も過去の情報の調査・分析にフォーカスしており、企業に対して新たな付加価値提供を迫られている実情も存在する。今後、AI（人工知能）や深層学習（ディープラーニング）などテクノロジーの進化により、本来アクセスをしていなかった外部情報から効率的かつ効果的に対象企業のリスク情報を収集・分析することが可能となってくる。

　未曽有の経済・社会環境の変化を受けて、今後、M&Aに

おける企業のリスク分析の重要性がより一層再認識されるものと考えられる。

3

M&Aの「成功」は
PMIの「成功」

「M&Aの成功はPMIの成功」と言われて久しい。
また、PMIの重要性について総論で反対する人はいない。
しかし、PMIの認知度は高まったが、
その「浸透」を「PMIの実践」と言うなら、
わが国においてPMIが十分に浸透しているとは言い難い。

また、PMIを実践している企業においても、
PMIを計画的かつ中長期的に取り組んでいる企業は
未だ少数派と言ってよい。

しかし、結果責任主義の考え方に基づけば、
「PMIをやらなくてよい」という考え方はあり得ない。

PMIを成功に導くためには、
①統合計画の「質」
②「全体最適的視点」を有する実務責任者の任命
③経営者のPMI完遂へのコミットメント（覚悟）
の3要素が備わっていることが肝心である。

統合計画策定においては、統合範囲の検討が出発点となる。
統合範囲とは、ガバナンス、戦略、オペレーションの領域において、
M&Aの目的、期待するシナジーの大きさ、統合リスクに加え、
シナジー実現またはリスク抑制に要する時間軸、相手との力関係、
企業文化の相違、相手企業のリソースの充足度等を勘案して、
優先度の高い統合領域を選定する。

統合計画を「絵に描いた餅」に終わらせないためには、
部門別実行計画を具体的な実施責任者名、施策とタスク、
スケジュール、リソース（人・予算）、評価・モニタリング方法など、
戦術レベルまで落とし込む必要がある。

PMIとは、ガバナンス構築のもと、戦略、オペレーションを「統合」すること

　M&Aの失敗原因を詳説する前に、本書全体を貫く基本メッセージとなる、PMIの重要性、そして経営視点からのPMI成功に繋がるアプローチについて述べたい。なぜなら、M&Aの失敗を減らすためには、最初から「PMIの成功にフォーカス」し、成功のゴールを定義して、戦略立案からPMIまでの各業務を初期段階から有機的に連携させながら進めていくことが肝要であるからである。

　本書において、PMIとは、「M&A後、買収企業・被買収企業間のシナジーを実現し、両社の企業価値向上のために、ガバナンスの仕組みを構築し、両社の戦略を連携させ、オペレーションを統合すること」と定義する。統合とは、必ずしも買収企業・被買収企業のどちらかの方針やプロセスに一本化するという意味ではなく、統合の範囲は、M&Aの目的、期待するシナジー、リスクの大きさによって異なり、取捨選択をしていくものである（p.64〜69を参照）。シナジー（Synergy）とは、PMIの結果、買収企業と被買収企業の経営資源を相互利用することにより生み出される相乗効果であり、財務的には企業価値の増加分である。

　成長戦略の手段として定着したM&A。「M&Aの成功はPMIの成功」と言われて久しい。日本電産の永守会長兼CEOは、「M&Aが上手くいくかどうかはPMIに依存する。買収に2割、PMIに8割の力をかける」と各種講演やインタビューなどで語っている。

　第1章において、「M&Aの成功とは中長期的な企業価値の向上である」（第1章p.24を参照）と定義した。中長期的に企業価値を向上させていくためには、買収直後のみならず、中長期的な時間軸で、被買収企業の成長軌道を維持するため、持続的にPMIを実行していかなければならない。

総論では、PMIの重要性を否定する人は少ない。しかし、PMIの重要性は本当に日本企業に浸透したのだろうか。

　PMIの重要性が日本でも提唱されている中、最初からPMIの成功をゴールに、逆算思考でM&A戦略立案、デューデリジェンス、買収（ディール）交渉など、各プロセスを進めるべきであるが、実際には、PMIですべきことの2歩、3歩先を見越して「計画的に」買収を進めている企業は、一部の企業に限られるという実感がある。「M&Aは交渉事であり、計画通りに進むわけはない」「当社はPMIが苦手である。相手との摩擦は避けたい」という反対意見も存在する。しかし、「計画なきPMI」は上手くいくはずがない。欠けているのは「PMIのグランドデザイン（全体設計）」を描くという視点である。
　本章では、買収後、シナジーを実現し、買収企業・被買収企業双方の企業価値向上のために、企業が最初に検討すべきPMIのアプローチについて解説する。

（1）PMIの重要性は
　　本当に日本企業に浸透したのか

　PMIの重要性は本当に日本企業に浸透したのだろうか。「浸透」を「PMIの重要性に関する認知度向上」ではなく、「PMIの実践」と定義するなら、著者の答えは「No」である。その背景は、M&A・PMIに関わる企業の意識調査の結果にも垣間見ることができる。

PMIがM&Aの最も重要な要素とされていない
富山大学森口教授による調査事例（2017年）

　富山大学経済学部の森口毅彦教授が、2016年に行った日本企業179社に対するアンケート調査において、「M&Aにおける重要局面は何か、上位3位まで」という問いに対し、

図表3-1 M&A成功への重要局面

	第1位		第2位		第3位	
	社数	構成比	社数	構成比	社数	構成比
戦略立案	36	30.3%	7	5.9%	6	5.0%
ターゲット選定	28	23.5%	21	17.6%	9	7.6%
スキーム立案	2	1.7%	7	5.9%	7	5.9%
企業価値評価	3	2.5%	14	11.8%	8	6.7%
デューデリジェンス	10	8.4%	23	19.3%	20	16.8%
交渉・調整	8	6.7%	14	11.8%	14	11.8%
基本合意	0	0.0%	6	5.0%	4	3.4%
クロージング	1	0.8%	0	0.0%	1	0.8%
PMI	24	20.2%	19	16.0%	42	35.3%
未回答	7	5.9%	8	6.7%	8	6.7%
合計	119	100.0%	119	100.0%	119	100.0%

出所：「わが国企業におけるM&Aの成否評価とPMIの実態」(2017年3月30日、森口毅彦／富山大学経済学部)

「PMI」を第1位から第3位までと回答した企業の合計は、有効回答数（119社）の内、85社と最も多い回答数であった。しかし、PMIを第1位（最も重要）と回答した企業は24社（回答社数は24社、有効回答数の20.2%）と、「戦略立案」（同36社、30.3%）、「ターゲット選定」（同28社、23.5%）よりも少ない結果であった（図表3-1）[*1]。

この調査結果により、回答企業間において、PMIの重要性の認知は高まっているが、依然としてPMIよりも戦略立案やターゲット選定を重視している企業の方が多いことがわかる。

PMIを中長期的に実践している企業は2割に満たない
経済産業省による調査事例（2018年）

経済産業省がデロイトトーマツコンサルティングに委託し、実施した日本企業の海外M&Aに関する調査では、買収後、PMI完了までの時間軸を1年以内と考えている企業が

[*1]
調査回答企業179社の主なプロフィール
業種内訳（製造業71社、非製造業104社、無回答4割）。従業員1,000人未満の会社が全体の4割、売上1,000億円の会社52%。過去にM&Aの経験のある会社は66.5%を占めた。

図表3-2 買収後、PMI完了までの時間軸

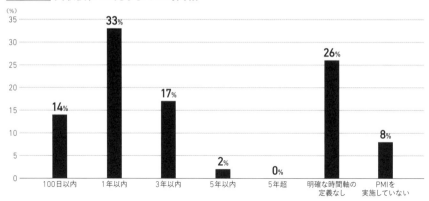

出所：「日本企業の海外M&Aに関する意識・実態調査」（2018年3月、経済産業省によるデロイトトーマツコンサルティングへの委託調査）
調査時期は2017年。回答社数は88社。2001年以降に実施した「自社にとって最大金額または最重要の」海外M&Aを対象とする。

47%、また時間軸を定義していない企業が26%、PMIを実施していない企業が8%、これらを合計すると81%に上った。一方で、PMI完了までの時間軸を3年・5年以内と考えている、言い換えればPMIを中長期的な取り組みと考えている企業は19%に過ぎなかった（図表3-2）。

　上記調査結果の通り、企業のPMIの重要性に対する認識と実際の行動にはギャップが見られるのが実態である。

（2）PMIに対する3つの誤解

　PMIの認知度が高まっているとはいえ、その注力度合いについては誤解があることも多い。著者が実務経験を通じて感じている「3つの誤解」は以下の通りである。

誤解1：PMIは特にやらなくてもよい

　前述の経済産業省による調査（2017年）では、海外M&AにおいてPMIを実施していない企業が8%、また時間軸の目標を設定していない企業が26%、合計すると34%、つまり3分の1以上の企業が具体的なPMIの計画を立てていないと言

える。

　また、PMI完了までの時間軸を100日以内ないしは1年以内と考えている企業は47％あったが、これら「短期のPMI」を実施している企業にも、買収して新たにグループ入りした企業の連結決算プロセスや管理会計上の報告プロセスの構築、決裁権限規程の改訂、コンプライアンスや情報セキュリティなど親会社のグループポリシーの導入など、いわゆる「管理系PMI」を「PMI」と称している企業も含まれていることが想定される。また、特に中小企業の案件では、連結決算以外は何もしない、いわゆる「放置」している案件も依然として減っていないという実感がある。

　PMIをやらなくてよいということはない。投資に対する結果責任、さらに被買収企業の既存の企業価値（独立して事業運営を継続した場合の価値：スタンドアローン価値と呼ぶ）にシナジー（プレミアム）を乗せた価格で買収していることを鑑みれば、PMIをやらなくてよいということはあり得ない。PMIは開発、調達、製造、販売など、オペレーションまでを範囲とすることで、初めて事業上の買収の効果が上がるのである。

　「親会社から何の方針も示されない」「親会社の社長や経営幹部は当社に顔を出さない」「親会社は自社の課題解決に協力してくれない」。子会社の経営陣から聞かれる不満の声の例である。なぜこのようなことが起こるのか。子会社の事業の実態がわからず経営に関与できない、子会社に遠慮している、確かにそのようなこともあるかもしれない。しかし、そもそも買収の目的が不明確、あるいは買収による自社グループ規模の拡大がゴールである場合、そもそもPMIの「熱量」が高まらないのも無理はない。

　親会社の無関心は、子会社の経営陣や従業員が親会社のグループ入りをした意義を感じられず、不満や不安を生み、引いてはキーパーソンが離脱してしまうというリスクもある。

そもそも相手への無関心は「人として」失礼ではないだろうか。関心がないのならその会社を買収すべきではない。

誤解２：PMIの検討は契約交渉時から始めればよい

経済産業省による前述の調査事例では、海外M&Aにおいて PMI を実施している企業では、PMI 検討開始の時期は「条件・契約交渉・クロージング」が、32％と最も多く、次に「デューデリジェンス」が28％であった（図表３−３）。「PMIの準備はデューデリジェンスから始める」。著者がM&Aの仕事を開始した2000年前後から、M&A専門家の間では「あるべき姿」として言われていたことが、2017年の調査時点で、ようやく現実味を帯びてきた。確かに、ガバナンスが徹底されている企業においては、買収の意思決定時にPMIの課題や実施体制についても報告事項に含まれることは一般的となってきた。

しかし、日本においてM&Aが普及した今、デューデリジェンス時点からPMIの検討を開始することは、遅いという

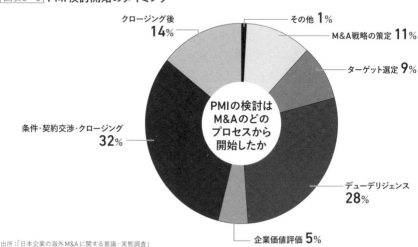

図表３−３ **PMI検討開始のタイミング**

クロージング後 **14%**

その他 **1%**

M&A戦略の策定 **11%**

ターゲット選定 **9%**

条件・契約交渉・クロージング **32%**

PMIの検討は
M&Aのどの
プロセスから
開始したか

デューデリジェンス **28%**

企業価値評価 **5%**

出所：「日本企業の海外M&Aに関する意識・実態調査」
（2018年3月、経済産業省によるデロイトトーマツコンサルティングへの委託調査）
調査時期は2017年。回答社数は81社。2001年以降に実施した「自社にとって最大金額または最重要の」海外M&Aを対象とする。

実感がある。むしろ、企業はM&A戦略策定やターゲット企業の選定段階から、PMIの検討を開始しなければならない。その背景は、スタートアップ企業の買収案件や複数の買収候補企業が競争入札に参加する案件の増加である。これら買収案件の共通の特徴としては、案件の意思決定までのスピード感が求められることである。このような案件では、遅くともターゲット選定時からPMIの検討を始めていなければ、買収時の合理的な意思決定は成しえない。その理由は以下の2点である。

　第一に、ターゲット企業の選定時にPMIの実現可能性を考慮するからである。

　PMIの実現可能性とは、言い換えれば、自社とのシナジーの実現性や企業文化の融和のハードルの低さを意味する。

　シナジーの実現性は、検討しているM&A案件の自社戦略との整合性に次ぐ、ターゲット選定にあたっての重要な基準となる。

　また、企業文化の融和の難易度の低さも、買収の意思決定上、重要な要素となる。実際、欧米や日本の「M&A先進企業」は、企業文化の融和の可能性を、ターゲット企業の選定基準や、買収の意思決定の際に考慮している。自社と企業文化の合わない、文化摩擦の生じる可能性の高い会社は買わないということである。

　第二に、競合他社と比較した自社の魅力度向上のためである。

　買収企業から見た「有望な」ターゲット企業は、他社から見ても有望と見て間違いない。このような企業またはその株主は、常時、他社からの買収提案を受けており、自社の株主は誰になってもらうかの選択権を持っている。実際に、他社との競争入札となった場合、ターゲット企業にとってどれだけ具体的かつ魅力的な買収のメリット（シナジー仮説）を提示できるかが差別化のポイントとなる。さらに、意思決定時にシナジー仮説を具体的に検証し、合理的な買収価格の検討材料として提供できれば事業計画の蓋然性も高まり、結果的

に買収後のシナジーの実現可能性も高まることに繋がる（第4章、p.104 ～ 108を参照）。

誤解3：シナジーは実現しなくてもよい

　「シナジーは実現することが難しい」「そもそもシナジーは期待していない」「買収した企業の業績が良ければそれで良し」「むしろ当社がPMIをやらない方が買収企業の企業価値を毀損しなくて済む」「シナジーの実現状況を個別に定量的に把握することは難しい」。これらは、シナジー実現の失敗を「正当化」する企業の担当者から聞かれる声である。また、第1章で述べた通り、M&Aの成功は「事業計画における業績目標の達成」という観点で見れば、「シナジー実現の成功と失敗はさておき、業績が良ければそれで良し」という論理も主張されやすい。

　実際に、前述の富山大学の森口教授の調査（有効回答数119社）によれば、M&Aの成否の判断基準として、最も多いのは「業績指標（売上高、利益など）」が57社（構成比47.9%）、次に「案件の実行目的の達成度合い」が39社（同32.8%）、「社内投資基準」が10社（同8.4%）と続き、「シナジー効果の達成度合い」で評価している企業はわずか5社（同5.0%）に過ぎなかった。

　しかし、シナジーの実現なくして、M&Aの目的は実現したとは言えない。なぜなら、M&Aの目的とは、「自社の強みを活かし、将来のありたい姿を実現するために必要な経営資源を獲得すること」であり、この獲得する経営資源と自社の経営資源の相互利用による相乗効果がすなわちシナジーであるからである。

　また、買収価格の検討においては、通常、シナジー効果を織り込んで試算をしている。相手企業が独立して事業運営した場合の企業価値（スタンドアローン価値）に加え、自社との相乗効果によるシナジー価値を加算して企業価値を試算している。一般に、買収価格は、スタンドアローン価値とシナ

ジーが100%実現した場合の企業価値の間に着地する。シナジーを織り込んで買収したのなら、その分、投資回収をしなければならない。

経営者のPMIに対する関心の低さには、「買うことありき」（グループ規模の拡大がゴール）でM&Aの目的が不明確であること、企業価値経営を前提とした結果責任意識の低さなどが背景にある。その詳細は、第5章で述べたい。

（3）シナジーの実現性を高めるための3要素

M&A・PMIの現場に居るものとして、「シナジー」という言葉は一般化する一方で、その実現には困難を極めるだけに、「軽々しく使うものではない」という風潮すら感じることがある。しかし、前述の通り、シナジーの実現なくして、M&Aの目的の実現はあり得ない。

シナジーの実現性を高めるためには、明確な意図（計画）

図表3-4 **シナジーの実現性を高めるための3要素**

1	統合計画の「質」	**実効性の高いシナジー計画** ・事業のプロフェッショナルが仮説検証を繰り返し、関係者の合意を得た計画
2	「全体最適視点」を有する実務責任者の任命	**PMIの成功＝全体最適で考え行動できるリーダー** ・事業の知見を持ち、開発・生産・販売・財務など多面的な視点で最適解を出せる人 ・シナジー計画を「戦術レベル」に落とし込める人
3	経営者のPMI完遂へのコミットメント（覚悟）	**PMIの成功にコミットする経営者** ・実務責任者が動けるよう、権限を与える ・しかし、実務責任者や現場に任せきりにせず、自らの目で実態を掴み、リーダーシップを発揮する

と、やりぬく力（不断の実行力）が必要である。明確な意図（計画）とは、統合計画の「質」を高めること、やりぬく力（不断の実行力）は、「全体最適視点」を有する実務責任者の任命、それを支える経営者のPMI成功へのコミットメント（覚悟）によって担保される（図表3-4）。

統合計画の「質」は仮説検証と合意形成により担保される

統合計画の「質」を高めること、それは言い換えれば統合関係者の誰から見ても実効性が高く、説明（結果）責任の明確なシナジーの計画を策定することである。シナジー計画は、案件検討の初期段階から、デューデリジェンスとDay1（M&Aの取引完了日の翌日、つまり子会社側の株主交代後の新体制発足日）後の統合計画策定にかけて、事業のプロフェッショナルによる仮説検証と関係者の合意形成を経て完成する。この仮説検証プロセスを経て、シナジー計画のリアリティ（実現可能性）が高まるのである（シナジーの仮説検証プロセスについては、第4章p.107 〜 108を参照）。

実務責任者は、全体最適で利害調整を行える人

また、不断の実行力は、経営者のPMIの成功へのコミットメントを「証し」として、経営者の「後ろ盾」と権限を付与された実務責任者が統合の実務作業をリードすることで発揮される。

この実務責任者は、事業の知見を有していることはもちろんのこと、開発、生産、マーケティング・営業、財務など多面的かつ全体最適的視点で物事を俯瞰できる能力を有している人材が望ましい。

例えば、製品競争力の向上のため、両社で製品ブランドを統合することが必須であるという仮説があるとしよう。そのためには、製品ブランドの統合に向けたマーケティング、営業、開発、生産など、各機能領域でやるべきアクションを具体化でき（アクションの詳細化は各機能チームに依頼するが）、かつ、その施策の費用対効果を数値化し、経営者に対

して適切なコミュニケーションをすることが必要である。しかし、各機能の利害が対立し、計画通りにブランド統合が進まないということが起こりうる。その際に必要なのは、経営者の「後ろ盾」である。実務責任者は、社内において明確に責任と権限を付与されることで、統合の成功にフォーカスして全体最適な利害調整ができるのである。

日本企業のPMIでは、経営者のリーダーシップ不足が構造的課題であり、経営者のコミットメントが引き出せない場合、いわば、最初から失敗の可能性が高まっていると言っても過言ではない。このような場合、実務責任者が経営者の「影武者役」を担う場合がある。PMIにおける具体的な実務責任者の役割については、第5章p.138〜140を参照頂きたい。

PMIの成功は究極、経営者のコミットメント次第

なお、PMIを成功に導くためには、経営者が自らリーダーシップを発揮し、企業文化の融合をトップアジェンダとして推進すべきであることは言うまでもない。経営者のリーダーシップとガバナンスについては、第5章で、企業文化の融合については、第6章で、おのおのの陥りやすい失敗原因と解決策について解説したい。

（4）統合計画の
「質」を担保するためのアプローチ

前述の通り、PMIには計画性が必要である。シナジーは、異なる組織メンバー間の協働作業であり、明確な目標、実行計画と体制構築なしでは実現し得ない。統合計画の「質」とは、計画内容の実現可能性（妥当性）を考慮し、すべての関係者が説明責任を果たせ、使いやすさ（有用性）を担保した「実効性の高さ」のことである。

しかし、「PMIの実行プランの策定をコンサルタントに「丸投げ」した結果、3か月間でやらなくてはならないタスク

が数百項目に積み上がってしまい、現実的に実行不可能なプランとなってしまった」という声を聞くことがある。シナジーの実現プランを含む統合計画を検討するにあたっては、タスク思考・プロセス思考で作業を重ねるのは非現実的であり、加えて相手企業のフラストレーションがピークに達するため、効果的ではない。経営視点で優先順位を考えれば、「本当にやらなければならないことは3つから5つ程度に絞られる」というのが、多くの経営者が語る経験知である。

統合計画立案は、経営視点で「どこから統合すれば良いのか」、言い換えれば「どこから手をつければ良いのか」を見極め、統合範囲の優先順位付けをするところから始まる。

① PMIで最初に考えるのは統合の範囲

PMIとは、本章で上述した通り、「M&A後、買収企業・被買収企業間のシナジーを実現し、両社の企業価値向上のために、ガバナンスの仕組みを構築し、両社の戦略を連携させ、オペレーションを統合すること」である。この「ガバナンス」「戦略」「オペレーション」は、統合の範囲そのものを指す。統合の範囲とは、グループ全体最適の観点から、被買収企業（買収後の子会社）の事業のうち、親会社の事業と同じ方針、ルール、価値観、仕組みやプロセスのもとで運営していく範囲のことである。統合の範囲には、ガバナンス、戦略、オペレーションの統合を実現するための組織・インフラの統合も含まれる（図表3-5）。

ガバナンスの統合とは、子会社を「グリップ」すること

ガバナンスの統合には、ソフト面とハード面のアプローチがある。ソフト面とは、ビジョンの共有や、経営陣（リーダーシップ）どうしの価値観共有、企業文化の融合などによるアプローチを指す。ここでいう、「ガバナンス」とは「統治」という日本語訳にあるように、相手をコントロールする、リスクを管理するというニュアンスで使われることが多い。

しかし、ガバナンスの本質は、親会社・子会社間が会社の

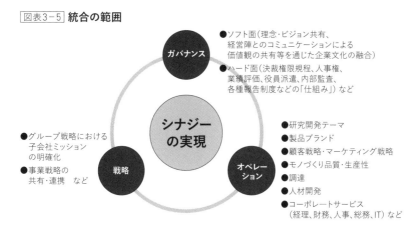

統合の範囲

向かうべき方向について共鳴し、相互信頼関係を構築できることがベースになっている。実際に、インターネット企業やスタートアップ企業のM&Aでは、トップ間の意思疎通をきっかけに両社の距離が縮まり、シナジーが実現することが多い。「ニューエコノミー」の企業になるほど、「仕組み」よりも互いの「共振共鳴」がグループ求心力を高める鍵となっている。

　一方、ハード面とは、決裁権限、人事評価、報告・モニタリング制度など、「仕組み」によるガバナンスを指す。親会社として「資本の論理」に基づき行使できる株主権であり、海外企業の買収における成功例は、いずれもこれら「仕組み」によるガバナンスを有効に活用している。特に、決裁権限の親会社上申事項（例：設備投資、人事、事業計画、資金調達などの重要事項を親会社承認事項とすること）、中でも子会社トップの人事権を親会社が掌握することが、ガバナンスの「肝」となっているのは間違いない。

*2
開発、製造、マーケティングなど、機能レベルの戦略は、本書においては「オペレーション」の統合の範囲に含める。

戦略の統合とは、子会社の
グループにおけるミッションを明確にすること

　戦略の連携とは、子会社の事業戦略[*2]を親会社（ないしは子会社の事業を管轄する事業部門）の事業戦略との整合性を担保し、両社の戦略を融合させ、対象市場における事業の競争力を強化することを意味する。

　戦略連携の一例として、市場における製品ブランド戦略の一体運営が挙げられる。例えば、日本たばこ産業（JT）は、グローバル市場において事業戦略上、重点的に展開するブランドを「グローバル・フラッグシップ・ブランド」（Global Flagship Brands：GFB）と称し、各地域市場でそのブランドの認知度・市場シェアを高めるためにGFBのブランド認知度向上および販売促進のためのマーケティング予算を重点的に配分している。2007年4月、JTが英国ギャラハーの買収を実施した後、ギャラハーがロシア・CIS地域において展開するブランド「LD」がGFBに加わった（出所：日本たばこ産業IR資料）。

オペレーションの統合とは、業務プロセスを最適化すること

　オペレーションとは、開発、調達、製造、物流、マーケティング・販売、サービス、コーポレートサービス（経理、財務、人事、総務、ITなど）などの事業活動における機能を指す。オペレーションの統合範囲は大きく、機能（組織、人員、業務プロセスなど）そのものの統合をするケースと、機能統合をせず、施策レベルでの方針共有・協働をするケースの2つの視点で見ていこう（図表3－6）。前者が後者と比較して、より統合の程度（深さ）が進み、機能の一体運営に近い状態である。

②統合の範囲に影響を与える要因

　前述の通り、ガバナンス、戦略、オペレーションの各領域における統合の範囲と具体的な統合テーマ・施策は、やみくもに抽出すれば良いというものではない。著者の経験では、

日本企業は一般に実務思考・プロセス思考の強い組織風土を有しており、必要なタスクを漏れなく、網羅的に抽出するという点においては、海外企業と比較して強みを持っている。図表3−6を詳細化したタスクリストは、PMIプロジェクトにおける各機能別分科会の力を結集すれば、比較的難なく作成することができる。

統合の範囲は、M&Aの目的、期待するシナジー、リスクの大きさによって異なる

　しかし、タスクを沢山上げすぎて、結局、期限内に実行できないようであれば、元も子もない。従って、前述の通り、経営の視点からの優先順位付けが必要なのである。統合の範囲と程度は、必ずやらなければならない連結決算、決裁権限規程の見直しなど、管理系タスクを除き、案件によって異なって然るべきである。

　特に、統合の範囲や取るべき統合のアプローチは、M&Aの目的、期待するシナジーの大きさ、リスクの大きさなどによって異なる。これら要因を考慮して、統合の範囲設定における優先順位を決めていく（図表3−7）。

　相手との力関係、企業文化の相違や相手企業のリソースの充足度は、本来、理論的にはあるべき統合の範囲の設定と無関係であるべきである。しかし、実際には、高い統合効果を目指した結果、企業文化の摩擦が深刻化し、キーパーソンの退職が相次ぎ、事業継続もままならない状況になっては買収した意味がない。実務的にはこれらの要素も十分に考慮し、統合計画を策定することが必要である。

（統合リスクの例）
●オペレーション：統合期間中の競合他社の攻勢による市場シェアの喪失、情報システム統合の遅延・トラブル発生、品質基準の未達、顧客クレームの顕在化など
●組織文化：組織文化の違いによる関係悪化など

オペレーションにおける主な統合の範囲（製造業の場合）

機能	主な統合のテーマ・施策（例）
研究開発	・技術開発ロードマップ ・研究開発テーマ ・製品設計仕様の標準化 ・研究開発機能の統合（例：機能・人員再配置、開発プロセスの標準化・最適化、業務データベースの統合など）
調達	・調達財（直接財・間接財）の標準化・共通化 ・共同調達による調達コストダウン ・調達機能の統合（例：機能・人員再配置、プロセスの標準化・最適化、調達ガイドラインの共有、BCP対応、サプライヤーの統合など）
製造	・生産プロセス革新による生産性向上（例：新たな製造機械の導入、生産プロセスの標準化・最適化によるリードタイム短縮） ・労働生産性の向上（例：省人化） ・モノづくり技術の伝承（例：マザー工場設立、技術指導員の派遣、技能オリンピック、技術者キャリアパスの提供） ・生産機能の統合（例：生産ライン・拠点の統合、サプライチェーンの最適配置、生産管理の一元化など）
品質管理	・品質管理基準・プロセスの統合 ・品質管理機能の統合（例：調達・製品品質ガイドラインの標準化）
マーケティング	・製品ブランドの統合 ・製品カタログ、パンフレット、品番等の統一 ・製品開発・市場投入計画 ・ブランディングポリシーの共有 ・顧客セグメンテーションとターゲット顧客の選定
販売・サービス	・販売促進プラン（例：展示会、顧客向け説明会） ・顧客担当体制の再編成 ・カスタマーサービスポリシーの共有 ・営業担当者の評価・インセンティブ ・販売・サービス機能の統合（例：販売・サービス拠点の統合・再配置、業務プロセス統合、顧客管理基盤（CRM）の統合など） ・取引条件（価格、数量、納入頻度、決済条件、与信限度）
物流	・物流ルートの再編成 ・地域ディストリビューターの再編成 ・物流機能の統合（例：物流拠点・ネットワークの統合・再配置、業務プロセスの標準化・最適化、物流業務システムの刷新など）
財務・経理	・決算プロセス ・予算策定および業績管理 ・財務・経理機能の統合（例：業務プロセスの標準化・最適化、財務・管理会計制度統合、内部統制、業務システムの統合、キャッシュマネジメントシステム、アウトソーシング／シェアードサービスの利用など） ・グローバル税務管理

機能	主な統合のテーマ・施策(例)
人事	・企業文化の融和策 ・従業員とのコミュニケーション促進策 ・人材開発ポリシーの共有 ・グレード・評価・報酬制度の共通化 ・人事ローテーションを含む、新たなキャリアパスの提供 ・トレーニング機会の提供 ・人事機能の統合(例:タレントマネジメントシステム、 　勤怠・給与・福利厚生等業務の共通化)
知的財産	・知的財産リスクの洗い出しとグループとしての対応策 ・知的財産戦略の連携 ・知財マネジメント機能の最適化
コンプライアンス	・コンプライアンス委員会・規程等、コンプライアンスリスク管理体制の構築 ・輸出管理、不正競争防止、個人情報保護等、 　事業上のコンプライアンスポリシーおよび関連業務プロセスの導入
広報	・会社ウェブサイトの連携・更新 ・ブランディングポリシーの共有(マーケティングと連携)
CSR	・CSR委員会等、CSR推進体制の構築 ・CSR関連ポリシーの共有 ・CSR調達リスク管理体制の構築
情報システム	・情報システム(インフラ、アプリケーション)の統合 ・アプリケーションソフトウェアの導入(例:販売管理、人事管理など) ・グループITガバナンス体制の構築 ・情報セキュリティ関連規程の導入、委員会の導入等、 　情報セキュリティリスク管理体制の構築 ・会社ウェブサイト、メール、イントラネット、IT資産(PC、モバイル機器、 　ソフトウェアライセンス等)、会議システム等、インフラ導入

統合の範囲に影響を与える主な要因

主な要因	内容
M&Aの目的との関連性	自社の事業戦略(成長戦略)と整合的なM&Aの目的(例:シェア拡大、顧客基盤の拡大、補完的な製品・能力の獲得、新規事業進出)の実現のため、必要な統合の範囲を選定する
期待できるシナジーの大きさ(価値の源泉)	期待できるシナジーが相対的に大きい(価値の源泉となる)機能領域が、統合の範囲選定において優先順位が高い(但し、M&Aの目的とも整合的な機能領域であることが前提)
統合リスク*3	デューデリジェンスの結果、リスクが高いと評価された領域が、統合の範囲設定において優先順位が高い
シナジーの実現またはリスク抑制に要する時間軸	短期的に、シナジー実現を狙う、またはリスク抑制を狙う領域の優先順位が高い。但し、戦略的に重要であるが、実現までに時間を要するものも優先順位は高くなる。このような施策別の実施時期の違いは、統合ロードマップ*4の策定において考慮する
相手との力関係	買収企業・被買収企業間の業種(同業か、異業種か)、業界内の相対的ポジション(業界順位が拮抗しているか、大差がついているか)、両社の企業規模(売上高、従業員数など)、救済型買収か否か、買収案件が競争入札であったか否か、などの要因は統合の範囲選定や統合の時間軸を検討する際に考慮すべきである
企業文化の相違	企業文化の摩擦のリスクは、統合範囲の選定や統合の時間軸に影響を与える
相手企業のリソースの充足度	スタートアップ企業や中小企業など、大企業と比較して人員リソースが不足している企業においては、買収企業側が望むスピードで統合に協力できないリスクが高く、統合範囲の厳選が必要である

*3
統合リスクの領域は、オペレーション、組織文化、従業員、規制・コンプライアンスなど多岐に亘る。抽出したリスク項目を、重要性(企業業績へのインパクトの大きさ)、緊急性、難易度(合意形成や実務の複雑さ、要するコストなど)などに応じて優先順位付けをしておく。

*4
ガバナンス、戦略、オペレーションの各領域の統合の施策毎に中長期(一般には3年から5年)の実施時期を記載した中長期の作業工程表。統合計画の主要部分となる資料である。

●従業員：従業員のモチベーション低下、キーパーソンの退職、特定業務に従事する人員不足など

●規制およびコンプライアンス：従業員による機密データの漏洩、贈賄・汚職・不正競争等、不正事件の発覚、内部統制上の重要な欠陥など

③M&Aの目的と統合の範囲の一貫性

　上記図表3-7で示した各項目のうち、戦略上最も考慮すべきは、M&Aの目的、期待できるシナジーと統合の範囲の一貫性である。

　M&Aの目的は、事業戦略の観点から「アンゾフの成長マトリックス」[*5]に当てはめると以下の通り分類される（図表3-8）。

シナジーの実現は、検討段階から論理矛盾を抱えている

　著者の経験では、シナジーの実現が難しい理由は、PMIの計画時のシナジーの合理性・蓋然性の検討の甘さと、実行段階のさまざまな制約（顧客、サプライヤー、従業員等、第三者への協力がスムーズに得られない、実現可能だが、実現のための経済条件（例：価格）が合わない、実行のためのインフラ（例：サプライチェーン）が整わない、想定する取引が現地の市場慣行に合わない、実現するためのコストが莫大にかかる）の二つに大別される。

[*5]
アンゾフの成長マトリックス
イゴール・アンゾフ氏（1918～2002）によって提唱された経営戦略の検討の際に用いられるフレームワーク。アンゾフによれば、企業の成長の可能性は、「製品」と「市場」の2軸、さらに「既存」と「新規」の2軸で表現すると、既存製品・既存市場（市場浸透）、既存製品・新規市場（市場開拓）、新規製品・既存市場（製品開発）、新規製品・新規市場（多角化）の4つの選択肢があるという理論。「アンゾフのマトリックス」や「アンゾフの製品・市場マトリックス」とも呼ばれる。

図表3-8 **M&Aの目的別分類**

		製品・ケイパビリティ	
		既存	新規
市場	既存	【市場浸透戦略】 M&Aの目的： **市場シェアの拡大**	【製品開発戦略】 M&Aの目的： **補完的な製品・技術・能力等の獲得**
	新規	【市場開拓戦略】 M&Aの目的： **顧客基盤の拡大**	【多角化戦略】 M&Aの目的： **新規事業進出**

出所：アンゾフの成長マトリックスに基づき著者作成

実は、M&Aの検討・交渉の初期段階から、計画時のシナジーの合理性・蓋然性の検討が甘かったことにより、シナジーの実現可能性が高まらないことがあることにも留意が必要である。図表3−9は、著者の実体験をもとに、戦略、M&Aの目的とシナジー仮説の関係性に「論理矛盾」（落とし穴）があることで、シナジーが具体化せず、引いては実現可能性も低くなる原因を体系化したものである。

落とし穴1：戦略が不明確

　自社が将来どうなりたいか（目指すべき姿）、目指すべき姿への実現手段の検討が不在のまま、M&A案件を検討する場合などに生じやすい落とし穴である。そもそも事業戦略が明確になっておらず、M&A候補企業の選定基準が存在しないまま、シナジーを検討しようとする。しかし、自社が

[図表3−9] **戦略、M&Aの目的およびシナジー仮説の論理の一貫性の「落とし穴」**

自社のありたい姿や、自社の強みとなる経営資源が不明確なため、M&Aの合理性の検討が不足し、相手企業とのシナジーの具体化にも行き詰まることが多い

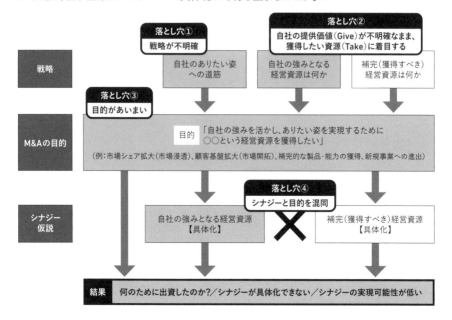

M&Aを通じて実現したい戦略が明確になっていないため、シナジーの検討は具体化しない。

落とし穴2：自社の提供価値（Give）が不明確なまま、獲得したい経営資源（Take）ばかりに着目する

　これは、新規事業進出を目的としたM&Aにおいて生じやすい。既存事業のM&Aにおいても起こり得る落とし穴である。いわゆる自社の貢献を度外視して、相手に「無い物ねだり」ばかりをするケースである。シナジーは、両社の経営資源の活用による相乗効果により実現するものである。シナジーは、ギブアンドテイクの関係でしか実現しない。しかし、そのため、相手から獲得したい経営資源のみ探し、自社が提供できる価値・経営資源について、十分な議論がなされていない。相手企業から、「貴社の提供価値は何ですか？」と聞かれても答えられないため、結局、シナジーの検討が具体化しない。

落とし穴3：M&Aの目的があいまい
落とし穴4：M&Aの目的とシナジーを混同している

　「M&Aの目的は何ですか」という質問に対し、「シナジーがあるから」「顧客・地域の重複が少なく、相互補完関係にあるから」という回答を聞くことが多い。このような説明には頷いてしまいがちであるが、よく聞くと、そもそもM&Aの目的が単なる規模拡大であるなど、明確に定まっていないことがある。そして目的も不明確なまま、既存製品の販売、新規製品開発、コスト削減などのシナジーを抽出し、定量化を行い、企業価値評価と意思決定の資料が一旦完成する。

　しかし、ここに落とし穴がある。自社の「魂（意思）が入っていない」という点である。前述の通り、M&Aの目的は、市場浸透、市場開拓、製品開発、新規事業進出などである。その目的も不明確なまま、上記4つの目的に即したシナジーが総花的に試算されているケースを見ることがある。そこに優先順位という発想は薄く、結果的にシナジーの実行計画の

蓋然性も低くなる。

戦略とM&Aの目的に即したシナジー実現のシナリオを描いておく

　上記の「落とし穴」の事例から見られるように、戦略とM&Aの目的があいまいだと、結局、シナジーは具体化せず、実現しないということがわかる。

　統合の範囲を効果的に設定するためには、戦略、M&Aの目的と整合的なシナジー実現のシナリオに関する「骨太のストーリー」が必要である。骨太のストーリーとは、M&Aの目的、優先順位の高いシナジー領域と統合の範囲が明確になった、M&A後の企業価値の向上のストーリーである。図表3－10は、M&Aの目的別のシナジー実現シナリオの例である。なお、ここに記載のシナジーや買収企業のプロフィールは、あくまでも代表例であり、M&Aの目的とシナジーは企業によって異なることにご留意頂きたい。

　シナジーの具体的な内容については、第4章（p.105 ～ 106）において解説する。

図表3－10 **M&Aの目的別のシナジー実現のシナリオ（例）**

M&Aの目的／シナジー	【市場浸透戦略】市場シェアの拡大	【市場開拓戦略】顧客基盤の拡大	【製品開発戦略】補完的な製品・技術・能力等の獲得	【多角化戦略】新規事業進出
売上シナジー	・業界ポジション向上による価格支配力向上 ・ブランド力向上	・クロスセル（互いの販売チャネルで製品販売）	・新製品開発 ・クロスセル	・新製品開発
コストシナジー	・規模の経済によるコスト競争力向上（例：集中購買、重複拠点の統合）	・製品ブランド統合 ・重複機能の統合（コーポレートサービスなど）	・研究開発テーマの統合	
買収企業のプロフィール（代表例）	・消費財（食品・飲料メーカー）など	・産業財（B2B）メーカーなど	・製薬・化学 ・自動車部品 ・IT ・サービス	・製造、流通、金融、サービス（デジタルを活用した新規事業開発など）

④シナジーは自社に新たな経営資源を取り込まないと
シナジーではない

　「M&Aを通じて今までグループになかった子会社の商材を獲得し、グループ全体で品揃えが増えた」「自社にない技術や人材など新たな経営資源が獲得できた」という声を聞く。これらの企業は、M&Aによって「シナジーが実現できた」「買収の目的は実現できた」と考えている。しかし、ここで注意が必要である。仮に、子会社が買収される前の既存顧客に既存の商材の販売を継続していたら、親会社と何も人材・技術の共有を実施していなかったら、これらはシナジーとは言えない。言い換えれば、「1＋1＝2」となっただけで、何らプラスアルファの価値を生み出していない。

　シナジーは、経営資源を両社で「相互利用」し、両社がそのメリットを享受し、新たなプラスアルファの価値を生まないと実現したとは言えないのだ。

⑤統合の範囲：企業のアプローチ例

　「ガバナンス」「戦略」「オペレーション」という3つの統合の範囲をいかに組み合わせて、統合のアプローチを設計していくか、「M&A先進企業」が持つ妙味である。以下公開情報から読み取れる、各M&A案件における統合のアプローチについて紹介したい。繰り返すが、あくまでも公開情報に基づく著者の洞察であり、内部情報は考慮していないことにご留意頂きたい。

サントリーホールディングスによるビーム（米国）の買収
（2014年5月に買収実施）

●M&Aの目的：酒類の中で付加価値の高いウィスキー市場におけるグローバルシェアの拡大【**市場浸透戦略**】

●サントリーは米国蒸留酒大手のビームを買収し、グローバルのウィスキー市場におけるシェアは、従前の10位から3位に浮上した。買収実施後の5か月後の2014年10月に、新浪剛史社長が就任し、ビームとの統合の陣頭指揮を執ることと

出所：会社ホームページ、日経ビジネス2019年6月17日号および2019年11月25日号、日本経済新聞2019年10月29日・30日・31日付およびFinancial Times 2019年6月1日付に基づき著者分析

なった。

●統合のアプローチ：両社の統合は、ソフトおよびハード面のガバナンスの掌握から始まった。新浪社長は、2015年4月にサントリー大学を設立、サントリーの創業精神の共有を始めた。海外各社のリーダーを日本に呼び、山崎工場の見学、創業一族からの講話、「やってみなはれ」「利益三分主義」や「水と生きる」などの理念共有を行った。

　ビームの取締役に就任した新浪社長は、人事委員会を設置。人事権はサントリーが掌握すること、CEOのマット・シャトック氏（当時）の上司は新浪氏であることを明確にした。次に、当時買収のために調達した借入金1.6兆円の早期返済を念頭に入れ、オペレーションの統合に着手した。工場や販売チャネル、販売組織の統合により、計画通りのコストシナジーを実現し、買収後1年で統合の道筋を整えた。さらに、両社で「ウィスキーカウンシル」を立ち上げ、品質向上のための意見交換を実施した。

　ビームの世界中のマーケットの知見、サントリーの商品開発の強みを融合させ、商品開発を促進した結果、2019年3月、両社合作による新製品「リージェント」が発売された。

　新浪社長は、2019年3月にビームとの統合の完了を宣言した。

森精機とギルデマイスター（ドイツ）の経営統合
（2015年5月に買収実施）

●M&Aの目的：グローバルナンバーワンの工作機械グループの設立【市場浸透戦略】

●森精機とギルデマイスターは、2009年3月以降、両社で資本・業務提携を実施、両社間で販売、調達、開発面の協業を行ってきた。2013年10月、両社の協業の証しとして、森精機は社名をDMG森精機、ギルデマイスターはDMG MORI SEIKI AGに変更した。その後、2015年5月、DMG森精機は、DMG MORI SEIKI AGを子会社化し、DMG森精機は世界ナンバーワンの工作機械メーカーとなった。

出所：会社ホームページおよび日経ビジネス2015年5月25日号に基づき著者分析

●統合のアプローチ：森精機・ギルデマイスターの両社の意思疎通を前提として、資本・業務提携期間中は、まず、オペレーションの統合（顧客管理体制の構築、調達コスト削減、製品開発面の協業）から着手した。なお、資本・業務提携の段階から、工作機械業界において、中国・韓国メーカーの台頭が脅威となっており、森精機、ギルデマイスターの成長戦略の実現のため、互いの存在が不可欠であるという共通認識はできていた（戦略のベクトルも一致していた）。資本よりも業務統合を優先したことで、相互理解が進み、M&Aをスムーズに実行できた。そして、DMG森精機の子会社化後、ガバナンスの融合に着手した。現在では「ジョイントコミッティー」を設立し、日独双方の役員からなるリーダーシップチームを立ち上げ、「双頭経営」を実践している。

ミネベアとミツミの経営統合
（2017年1月株式交換によるミツミ電機の完全子会社化実施）

●M&Aの目的：ミネベアの超精密加工技術（機械加工品事業）と、ミツミ電機（電子機器事業）の超エレクトロニクス技術を融合させ、エレクトロメカニクスソリューションプロバイダーを目指す**【製品開発戦略】**。

●独占禁止法当局の審査、株主総会決議、米国証券取引委員会への情報開示手続きなどのため、2015年12月の経営統合の公表から、2017年1月の統合完了までの1年余りの期間を要した。

●統合のアプローチ：買収企業はミネベアであり、新会社のトップは、ミネベアの貝沼社長が務めたことから、新会社は、ミネベア主導のガバナンスであることは明確であった。貝沼由久社長は、ミツミの森部茂社長（当時）との直接対話を通じ、信頼関係を構築しながら経営統合の協議を進めた。2015年12月の経営統合公表時点で、新会社の目指す姿、成長戦略とシナジーは明確になっており、事前に戦略的方向性の共有はなされていたものと推察される。統合完了前、ミネベアはミツミ電機のオペレーション面の支援から着手した。

出所：会社ホームページ、日経ビジネス2017年4月10日号および2020年7月27日号に基づき著者分析

具体的には、ミツミの各工場にミネベアの製造支援部隊を送り込み、改善点を指摘した結果、2017年1月の統合前にミツミ電機の一人当たり生産性が向上した。経営統合後、ミネベアミツミ（旧ミネベア）は、ミツミ電機と共同で医療用ベッドセンサーの生体情報のモニタリングシステムやIoTセンサーを使った新規事業開発を推進し、経営統合公表時より企図していた「IoT関連のプロダクトポートフォリオ拡充」という戦略の連携を推進している。

　上記3事例を見るに、いずれのケースもガバナンスの掌握ないしはリーダーシップチーム（経営陣）の融合を優先していることがわかる。そして、リーダーシップチーム（経営陣）の一体化の第一歩となるのが、将来のあるべき姿やビジョンの共有である。

　上記事例から読み取れる示唆として、経営者のリーダーシップが弱く、子会社のガバナンスが苦手な買収企業は、シナジーを実現するためのアプローチ（打ち手）が限られてしまうことを認識すべきである。

⑥PMIの青写真を相手の経営陣と合意しておく

　以上、事例を交えて述べてきた通り、PMIにおいてシナジーを実現するためには、計画性、言い換えればPMIの全体設計（グランドデザイン）は必須である。加えて、PMIのグランドデザインは買収前に準備しておくことが肝要である。PMIの基本設計図は、「統合の青写真」（Integration blueprint）と呼ばれることがある。統合の青写真とは、新会社のビジョン、戦略、シナジー、経営方針、経営体制などの統合基本方針の骨子である。これら基本方針を遅くともDay1までに、被買収企業（子会社）側の経営陣と合意しておくことが、円滑なPMIスタートのためには必要である。

　「統合作業の前の上流工程で勝負は決まります。経営理念や経営戦略などを含めた統合後の姿、ストーリーを明確に描いてから作業に当たることが重要です。そうしないと統合後

に苦労するでしょう」(アステラス製薬 代表取締役会長 畑中
好彦氏[*6])、「M&Aの成否は事前に決まる」(ミネベアミツミ
代表取締役会長兼社長 貝沼由久氏[*7])、「買収後に相手の事業
をどう再編成して統合し、新たな付加価値を生むかという閃
絡は、M&Aの前に考えていないとだめだ」(NTTコミュニ
ケーションズ アライアンス戦略室長[*8])。M&Aの先人たちは、
異口同音にPMIの青写真の重要性を語っている。

[*6]
日経ビジネス 2011年7
月11日号

[*7]
日経ビジネス 2017年4
月10日号

[*8]
日経ビジネス 2013年12
月9日号

(5) 統合計画は戦術レベルまで落とし込む

　これまで統合計画の実行可能性を高めるためのプランニン
グ上の留意点について述べてきた。統合計画を「絵に描いた
餅」にしないためには、計画を具体的な戦術レベルまで落と
し込み、実行態勢(Readiness)を担保した内容にしておく
ことが肝要である。戦術レベルの計画とは、統合計画を部門
レベルの実行可能なタスクに落とし込んだ行動計画であり、

図表3-11 **戦術レベルの部門統合計画の主な構成要素**

項目	内容と必要な要件
責任者	・部門の責任者および各施策・タスクの責任者が特定され、各責任者の役割と責任が明確になっている。
施策・タスク	・責任者および担当者が施策・タスクの内容を理解している。 ・その施策・タスクは、全体の統合方針と整合している。 ・マイルストーンが定義され、すべての関係者間で共有されている。 ・連携を要するタスク間の関係が明確になっている。 ・すべての計画が、社内の経営層によって承認されている。
スケジュール	・スケジュールが実行可能性を考慮して計画されている。
リソース	・施策・タスク遂行に必要なリソース(予算と人材)が適切に見積もられ、確保されている。
評価方法	・シナジー実現のための、インプット指標と成果指標が明確になっている。 ・施策・タスク実行のための必要コストと成果に関わる評価基準が明確になっている。
モニタリング方法	・進捗管理のプロセスが構築されている。 ・進捗状況がすべての関係者にとって明確に共有されている。

誰がいつまでに何をすればよいか、そのゴールと評価方法・プロセスが明確になった計画である。統合計画を全体のマスタープランとすれば、戦術レベルの計画は部門レベルのアクションプランに位置付けられる（図表3-11）。

　日本企業と海外企業のPMIにおいて、当初は、両社間で計画したシナジーの実現に向けて議論が進む。しかし、ある時から議論が停滞してしまう。例えば、売上シナジーであれば、新市場での投入を計画していた製品の仕様や価格が現地ニーズに合わないなど、計画時には想定していなかった課題が顕在化することがある。シナジーの実現には、統合当事者同士のみならず、顧客、仕入先、委託先、協力業者など、第三者の関与が必須であることが、ますます実現を難しくさせる。

日本企業と海外企業の「プロ意識」の違い

　買収企業（親会社）と被買収企業（子会社）の間においても、多忙な日常業務の傍ら、モチベーションが維持できず、シナジー実現のための施策の進捗が遅れ、あるいは実現しても効果が小さい、または全く実現しないということが起こる。一体なぜだろうか。特に、日本企業と海外企業の統合の場合、その原因の一つは、両社の組織運営における「プロフェッショナル意識」の違いであると考える（図表3-12）。

　プロフェッショナルとは、時間当たりの成果を常に意識して行動する人である。プロフェッショナル意識とは、本章では、組織構成員が、組織によって決められた職務を高い専門性と当事者意識を持って遂行し、結果にこだわる意識と定義する。プロフェッショナル意識の違いの根底には、「阿吽の呼吸」「暗黙知」に基づくコミュニケーションが行われている日本企業と、「形式知」に基づくコミュニケーションが当然の海外企業との組織文化の違いがある。

図表3-12 日本企業と海外企業との間で顕在化しやすい「プロフェッショナル意識」の差

プロフェッショナル意識	日本企業	海外企業（欧米など）
個人の役割・ミッション	決まっているが、不明確 個人の担当業務を超えて、業務を行うこともある	明確に決まっている 個人の担当業務と異なる仕事はやらない
役割・ミッションと報酬との関係性	役割・ミッションの報酬との関係はあいまいなこともある	役割・ミッションは報酬に影響を与える
リソース配分の定義	業務ごとのリソース配分はあいまいなことも多く、時として個人のリソース限界を超える仕事を引き受けることもある	どの業務に何割の労力を投入するか、あらかじめリソース配分を考える
当事者意識（オーナーシップ）	誰が責任者なのかあいまいになることがある	オーナーシップが高く、自立し、自己責任で業務を遂行する
業績評価と報酬の関係性	時として不明確なことがある	明確である

「ボランティア精神」で シナジー実現に動くのが日本企業の「お家芸」

　例えば、日本企業では、PMIプロジェクトチームに関わる従業員に対して、明確な方針共有をせぬままプロジェクトに参画させることが行われている。その際、その従業員が日常業務に費やすリソース（時間・工数・費用）とPMIに費やすリソース配分があまり考慮されないことがある。他部門のプロジェクトメンバーも同様の状況で、互いにPMIにリソースが十分に費やせないまま、互いに「ボランティア精神」でシナジー実現のために奔走する。他部門のリソースが不足している場合、片方の部門のメンバーが他部門の仕事に協力して不足を補うこともある。

　時には、相手企業との打ち合わせのための海外出張費用も予算化されておらず、捻出できない中で仕事をしなければならないケースも散見される。組織から明確なリソースのオーソライズもないまま、まさにシナジーが実現するかどうかは、担当者個人がいかに労働時間を増やし、目標実現に向けて粉骨砕身働けるか、個人の力量に依存してしまっていると

いうのが日本企業のPMIの「お家芸」である。

海外企業ではミッション定義と
リソース確保がなされない貢献はあり得ない

　一方、プロフェッショナル意識の浸透した欧米などの海外企業においては、方針共有、各人のミッションの定義、評価指標などが不明確で、リソース確保が不十分なまま仕事をするということはまずあり得ない。

　このような中、日本企業から、PMIで実現したい各部門のゴールがあいまいなまま、「シナジーについて議論しましょう」と提案しても、議論の進捗は芳しくない。海外企業側は、最初は、プロフェッショナル意識が高いがゆえ、積極的に議論をリードし、付き合ってくれる。しかし、明確な意見を述べない日本側のメンバーに対し、徐々に苛立ちを見せ始める。子会社側のメンバーは、業績連動の報酬を受け取っており、具体的な事業の成長に繋がらない話に時間を割くことはしたくないからである。「あなた方（日本企業）は我々にいくらの売上を貢献してくれるのか」。これは日本企業に買収された海外企業の経営者の談だ。

シナジー実現施策へのコミットメントを引き出す工夫

　上記のようなプロフェッショナル意識の違いを乗り越え、シナジー実現に対して相手企業の協力を得るにはどうしたら良いのか。筆者の経験上、有効であった方法を3つ紹介したい。

PMIへの協力を経営陣のミッションに定める

　子会社の経営陣（トップおよび役員）との委任契約（マネジメント契約）の中に、各人のミッションとして「親会社とのシナジーの推進」を定める方法である。シナジーの内容を、例えば、「クロスセルの推進」「新製品の共同開発」などと、具体的に定義する場合もある。ただし、子会社経営陣にとって新たなミッション（責任）の追加は、報酬の増加を意

味するため、業績評価指標（成果指標）を明確にし、報酬の合理性を担保しておくことに留意が必要である。

目に見える小さな成果を見せる

「親会社の言う通りにしても成果が出るかどうかわからない」。子会社が成果の見えない新しい施策の実行に対して保守的になるのは無理もない。このような時には、「小さな成功体験（small win）を見せる」ことが有益である。例えば、「親会社の勧める品質管理手法を導入したら製品の歩留率が向上した」「親会社の製品を顧客に説明したら、技術の高さを評価され導入が決まった」などの成功体験が何よりも勝る「証拠」である。コスト削減、売上増といった定量的な効果も明確である。小さな成功体験を通じて、子会社の経営陣と従業員は自信をつけ、やがて組織内に前向きな風土が醸成されることで、大きな統合の成果を刈り取ることができるのだ。

シナジー実現の必要コストを子会社業績評価の対象外とする

モノづくりに自信を持つ日本企業の製造現場での有効な改善策として、日本流の生産技術や、品質管理手法を導入することによる生産性の向上がある。しかし、これら技術や手法の導入にあたって障害となるのは、改善効果を得るための投資コストである。実際に、導入に当たり現地経営陣から反対を受けることがある。なぜなら、その投資コストは、現地企業の損益やキャッシュフローへの影響を通じて、現地経営陣の業績評価にネガティブな影響を与えるからである。このような場合、それらの投資コストを業績評価の項目から除外することで、現地経営陣からシナジー実現のための施策実行に協力を引き出すことができる。

戦術レベルまで落とし込まれた実行可能なプランとコミットメントを引き出す工夫により、シナジー実現の可能性を高めることができる。

「終わりの始まり」

～明確な目的なきM&Aの行く末は

明確な目的なきM&Aを実施すると、調査ポイントが絞り込めず、
結果的にデューデリジェンスでのリスクの見落としや、
相手企業のポテンシャルの過大評価を生む。
さらに、元々、本気で買いたいわけではないため、PMIにも「熱」が入らず、
相手企業との信頼関係も円滑に構築できないのは当然のことである。
動機が不純だと、結局、良い結果は生まれない。

動機が不純で、「M&Aありき」で検討が進んでしまうのは、
「中期経営計画の目標数値達成へのプレッシャー」、
経営者や事業部トップの「持続的成長に対する不安」や
「同業他社に後れを取ることへの焦り」などを背景とした、
規模的拡大への誘因がある。

明確な目的のあるM&Aとは、
①なぜこの会社を買収するのか（理由）
②この会社を買収することが当社の事業戦略と
　合致しているのか（戦略との整合性）
③M&Aをすることで具体的にどのようなシナジーが期待でき、
　その実現可能性は現実的か（シナジーの実現性）
の3点が揃っていることである。

また、明確な目的なきM&Aを防ぐため、
M&A案件の株主・投資家の観点からの合理性を担保するための
透明性の高い評価基準とプロセスを事前に整備しておく。

M&Aの検討に関わるメンバーが勇気を出して、
「No」と言い、検討を止める勇気も必要である。
「No」と言いやすくするために、評価基準とプロセスが存在する。

経営者や事業部門に明確な目的やPMIをやり抜く決意がないのなら、
M&Aを無理にやらなくてもよいと考えられる。

「このままでは中期経営計画の達成は難しい。投資銀行を呼んで、ロングリスト*1を作成してもらおう」「業績の良い会社を買っておけば計画目標も達成できるし、PMIをしなくて良いね」。ある上場企業の企画担当者の発言である。「なぜこの会社を買ったのですか」という社外からの質問に対し、「当社の戦略に合っているから」「シナジーがあるから」と答える企業は多い。

M&Aが日本企業の成長戦略の実現手段として定着したのは間違いない。しかし、買収後、何年かが経ち、社内においても「なぜこの会社を買ったのだろう」と皆、首をかしげてしまうという話をよく聞く。なぜそのようなことが起こってしまうのか。本章では、「7つの悪しき種」のうち、「1.「M&Aありき」のあいまいな目的」「2.リスクの楽観的バイアス」および「3.「自己保身的」行動」が複合的に絡み、特に「1.「M&Aありき」のあいまいな目的」が究極の失敗原因と思われる事例を紹介する。

*1
ロングリスト
買収対象となる候補先企業のリストのこと。

（1）｜事例2｜競合企業に負けじとグローバル化を推し進めたB社

以下は、海外進出にあたり、その戦略の蓋然性の確認が疎かであったため、進出先のパートナー企業との信頼関係悪化に発展した例である。

国内事業の成長の鈍化から海外M&Aの検討を開始

B社の属する業界（サービス業）は、主に国内の安定的な需要の増加により成長してきた業界であった。しかし、近年、国内需要は伸び悩んでおり、業界大手企業は海外進出や新規サービスの開発による持続的成長を模索していた。特に、B社の競合企業は、欧米やアジアで現地企業の買収や資本提携を積極的に行い、海外の新規顧客を獲得していた。競合企業の動きは、新聞や雑誌に「成功事例」として採り上げ

られるようになった。

B社の属する業界の大手・準大手企業では、業績指標として売上高が重視されており、利益やキャッシュフローを重視する企業は少なく、パイの限られた国内マーケットにおいて規模拡大の競争が繰り広げられていた。B社も同業他社に後れを取るまいと、M&Aの検討に本格的に着手した。それ以前、B社では、各事業部において取引先から出資の打診を受けたことや、営業担当者が自部門の売上高拡大のため買収対象企業を調査していたが、本格的なM&Aを実施した経験はなかった。

B社はまず、外部より招いたM&A経験者を本社事業開発部門（M&A・提携の推進部門）の責任者に据え、専門組織を設立して、M&Aの推進体制を拡充した。事業開発責任者は、M&Aの契約交渉実務に精通し、海外企業の買収の経験も豊富な人物であった。当初、M&Aの推進部門はあくまでも事業部が担い、本社は推進サポートおよびチェック機能を担うという役割分担であった。しかし事業部側では、明確な事業戦略というものはなく、かつ、M&A案件の実務経験が乏しかったため、次第に本社事業開発部門がM&Aの実質的な推進主体となっていった。

B社の事業開発部門は同業他社の動きに倣い、海外に成長機会を求め、まずはアジアでのM&A・資本提携の機会の探索に動き出した。アジア企業を提携候補先とする理由は、近年、日本企業による進出も増加しており、現地日系企業向けサービス提供も期待できるからであった。

投資銀行より持ち込まれたアジア企業との合弁設立案件

ある投資銀行を通じ、アジアの財閥系企業（B社と同様の事業領域において、現地市場では相応のプレゼンスを有する企業）が日本企業との提携関係の構築を模索しているという情報が事業部に入った。財閥系企業（以下、「パートナー企業」）のトップは、以前より「日本ブランド」に対する信奉

が厚く、現地日系企業への販売にも期待を持っていたことから、両社間の協議は順調に進み、両社で合弁会社を設立することとなった。合弁会社では、B社が有する日系企業の顧客基盤と、パートナー企業が有する現地の顧客基盤を活かし、相互にサービスを提供する計画であった。交渉の結果、合弁会社の出資比率は、B社が過半数を取得し、トップは、パートナー企業から派遣されることとなった。

簡単に済まされてしまった潜在的需要の調査

　B社は、パートナー企業から合弁会社に移管される資産、負債および契約の内容について、外部の会計士と弁護士を起用して、デューデリジェンスを実施した。外部専門家への業務依頼は、本社事業開発部門が行った。また、B社にとって、アジアは初めての進出先であり、合弁会社の目的の一つであったB社のサービスの日系企業の現地法人に対する提供の可能性を評価するためにも、現地でのB社のサービスの潜在的需要を詳細に調査すべきという社内の声もあった。かかる事業面の潜在性の調査は、事業部が担当であった。しかし、B社では合弁契約締結を急いでいたこと、外部アドバイザーへの支払いコストを抑えたいという事業部の意向も働き、本件のプロジェクトチームメンバーが、現地日系企業数社に対して潜在ニーズのヒアリングを断片的に行った上で、「B社のサービスはアジアで売れる」と判断し【注：失敗原因2.リスクの楽観的バイアス】、意思決定を行った。

「想定外」の現地日系マーケットの需要の少なさ

　新会社が設立され、B社より合弁会社に派遣された日本人幹部が現地の日系企業に営業活動を行った。しかし、現地日系企業からの反応は芳しくなかった。その理由を合弁会社の日本人幹部が聞いたところ、B社のサービスは、確かに品質は良いが、日本と比較してアジアでは機能のラインアップがオーバースペックであり、かつ価格が現地競合サービスより割高であるということであった。さらに、日系企業の現地法

人ではそのサービス導入の決定権がなく、本社の承認を仰がなければならないということも判明した。

パートナー企業の苛立ちと関係悪化

一方、合弁会社は、パートナー企業のアジアでの顧客基盤を活かし、順調に非日系向けのサービス受託を増やしていた。B社の抱える日系企業との取引開拓が芳しくないことを知ったパートナー企業側は、B社に対して失望感を露わにしはじめた。B社は、合弁会社のパートナーとして応分の貢献をしていないというのが、アジア企業側の主張である。慌てたB社側は、合弁会社設立の意思決定前に、合弁会社の事業戦略に関わるディスカッションが不十分であったことを反省し、合弁会社社長に対し、ディスカッションの「仕切り直し」を申し入れた。しかし、合弁会社社長は、自分はやることをやっており、日系企業の開拓が進まないのはB社側の問題であるとし、態度を硬化させ、B社からの申し入れを拒絶した。

その後、B社内では、「〇〇人は嫌いだ」という人種差別的な発言まで聞かれるようになってしまった。B社内では、一時、パートナー企業との合弁関係の解消も議論されるようになった。B社は、過半数を有する株主として資本の論理を発動し、合弁会社の経営陣の入れ替えを行い、窮地を凌いだ。しかし、B社は、パートナー企業から派遣されていた有能な経営人材を手放したことにより、非日系向けのビジネスは一時、低迷を余儀なくされた。そのためB社は、事業計画の大幅な見直しをせざるを得なくなった。

（2）事例3 「二番煎じ」が良く見え、デューデリジェンスでのリスク評価が甘くなったC社

事業戦略の立案の際、進出予定市場における市場の環境（市場のニーズ、現地の流通構造や商習慣、潜在的成長性、

競合の状況など）を調査することは定石である。しかし、
M&Aの際にはこの基本的な現地市場理解の重要性が「忘れ
去られる」こともある。

金融機関からの紹介案件の検討を開始

　C社（製造業）は、アジア市場で新たな顧客を開拓するた
め、L社（製造業）の買収を検討していた。C社は、L社の
検討を開始する数か月前、「有望な経営資源を持つ」と考え
ていた別のアジア企業の買収を検討していたが、デューデリ
ジェンスの後、契約条件交渉が難航し、同社の買収を断念し
た。

　その後、C社は、金融機関から、L社が売りに出ていると
の情報提供を受けた。L社は、金融機関の勧めもあり、C社
による買収可能性を検討することとした。

　L社の買収可能性の検討を開始する際、当初、C社の社長
は、買収プロジェクトチームに対し、「買収するメリットが
あるかどうか検討するように」という指示を出した。しか
し、プロジェクトリーダーを含め、チームメンバーの多くは
社長が内心L社を欲しがっているのではと感じていた。

デューデリジェンスでのリスク指摘を過小評価し、
買収を決断

　財務デューデリジェンスの結果、会計事務所より、L社で
は大口販売先との取引条件が年々悪化しているという事実が
報告された。一方、事業デューデリジェンスにおいては、L
社とC社間のシナジーを試算し、事業計画に織り込む作業が
優先され、L社の市場環境や事業の特性やリスクの理解のた
めの調査はいつの間にか後回しになっていた。

　C社の買収意思決定の際、一部の役員から大口販売先との
取引継続リスクを懸念する声もあがったが、担当役員から
「数年は大丈夫だろう」というコメントがあった【注：失敗
原因2.リスクの楽観的バイアス】。また、L社製品をC社の
流通チャネルを通じて販売することで、L社は相応の売上増

を見込めると考えられていた。その他の役員からは、ごく一部を除き、買収に異を唱える者はいなかった【注：失敗原因3.「自己保身的」行動】。そのため、社長は担当役員の意見を採択し、買収を実行することを決めた。

大口取引先からの突然の取引縮小の通告

　C社が買収して1年後、L社は大口販売先より、取引の大幅縮小の通告を受けた。その理由は競合他社に比べて価格が高いとのことであった。C社が、価格競争に敗退した原因を独自に調査した結果、L社の製品にはさほど付加価値はないことがわかった。さらに、市場調査の結果、その大口販売先を含む数社が市場におけるプライスリーダーとなっており、L社製品の流通チャネルもC社の想定と異なり、いわゆる「低価格帯」を対象としたチャネルであることがわかった。

　その後、C社は、保有L社株式に係る減損損失を計上した。また、L社へのガバナンスを強化し、本社および他の現地法人から人材を派遣し、マーケティング戦略の見直しや組織再編など抜本的な事業構造の再構築に取り組まざるを得なくなった。そのためC社は、大きな追加コストを支払うこととなった。

（3）｜事例4｜「海外売上高の拡大」のため、他社の撤退事業を引き受けたD社

　いわゆる「トップダウン型」の企業は、M&Aのような「有事」の決断が求められるケースにおいて、迅速な意思決定ができるという点で利点がある。しかし、その「意思決定のスピード感」は企業として適切な買収対象企業の選定ができた上で、功を奏することを忘れてはならない。明確な目的なき買収の場合、「トップダウン型」の案件推進は、組織構成員の思考停止を招き【注：失敗原因3.「自己保身的」行動】、案件の成立に向けて深く考えることなく走らせるリスクがあ

ることを忘れてはならない。

代替品の脅威がありながら、既存製品のシェア拡大の戦略を選択

　D社（製造業）は、エンドユーザーの顧客の製品にとって根幹となる部品を製造しており、国内の業界セグメントにおいてはトップのメーカーであった。しかし、近い将来、D社のエンドユーザーの業界は世界的に大きな構造変化が見込まれており、D社の部品も代替製品に置き換えられるリスクに直面しているため、D社は新たな成長の種を探し求めていた。

　そのような時、D社は、競合かつ取引関係も有する海外の大手メーカーより、特定市場からの撤退を検討しており、その市場の現地法人であるM社（D社と同じ領域の製品を生産する）の買収の打診を受けた。海外大手メーカーは、エンドユーザー企業に対するさまざまな製品を納入している企業で、M&Aを活用し事業領域の入れ替えを積極的に行っていた。その海外メーカーは、既にM社と同じ製品領域の事業を縮小する方針を持っていることは、業界有識者の眼から見ても明らかであった。

事業リスクを過小評価し、買収を決断

　M社のデューデリジェンスを実施した結果、その生産効率や品質の水準はD社の基準を満たしておらず、重要な不採算取引の存在も判明した。

　しかし、最終的にD社は、M社の事業継続性には重大な問題がないと判断し【失敗原因2.リスクの楽観的バイアス】、トップの「英断」によりM社の買収を決定した。M社の買収の目的について、D社の公式発表は「海外売上高の拡大」であった。

次々と顕在化した品質問題

　買収後、M社では、顧客への販売を重視するがあまり、品質を軽視し、顧客からのクレームが多発していることが判

明した。D社担当者が現地を調査したところ、M社の業績評価では売上高が重視され、営業担当者は、顧客へのアフターサービスを真摯に対応していないことが判明した。さらには、工場での品質保証体制も脆弱であることが判明した。これら生産現場における品質管理体制の強化と顧客へのクレーム対応のため、追加の品質対応費用の計上を余儀なくされた。さらに、M社では、押し込み販売による未回収の売掛金が存在することが判明した。

　D社は、シェアの拡大を重視するがあまり、経営効率の低い企業を買収し、多額の追加コストを支払うことになった。その後、D社は、M社の不採算取引を整理し、採算性の社内基準を満たす販売先との取引に絞った結果、売上高は買収時から大幅に落ち込むことになった。

（4）失敗原因1.「M&Aありき」のあいまいな目的

　本章では、事業戦略やM&Aの検討対象企業の選定理由が不明確なまま、「M&Aありき」で案件を遂行した結果、デューデリジェンスにおける事業の重要なリスクの見落とし、PMI段階における潜在的リスクの顕在化、対象会社の経営陣との信頼関係の悪化を招いた事例を紹介した。

　これらの事例は、一見するとデューデリジェンスやPMIの失敗事例のように見える。しかし、著者は、いずれの事例においても、根本的には「明確なM&Aの目的の不在」が招いた失敗であり、M&A対象企業の明確な選定基準に基づく、明確なM&Aの目的があれば防ぐことができた可能性があると捉えている。ここで、明確な目的があることとは、i. なぜこの会社を買収するのか（M&Aの理由）、ii. この会社を買収することが当社の事業戦略と合致しているのか（戦略との整合性）、iii. M&Aをすることで具体的にどのようなシナジーが期待でき、その実現可能性は現実的か（シナジーの実現性）の3点が揃っていること、と定義する。

　まず、B社（サービス業）によるアジア企業との合弁会社設立事例では、重要顧客である日系企業の現地サポート拠点を獲得するためにM&Aを実行（形態は合弁会社を設立）し、現地でのサポート人材・インフラが充実した業界上位企業とパートナーシップを組んだという戦略性（ⅱ.）と理由（ⅰ.）は合理的に思われる。

　しかし、「現地日系企業のビジネスを伸ばす」という当初の目論見が外れてしまった。その点においては、現地での十分な市場調査に基づく、戦略・シナジーの実現性の検討（ⅲ.）を行っていれば、「目論見外れ」はある程度防げた可能性がある。あるいは、市場調査の結果、想定するサービスの潜在的需要が見込めない場合には、市場に投入するサービスのスペック（仕様）を変える、あるいは合弁事業そのものを行わないという判断も取ることができた。

　次に、C社によるL社の買収の事例では、そもそも、自社で明確なM&A戦略を策定しないまま、具体的な案件の検討を開始したという背景がある。デューデリジェンスにおいても、海外の対象市場の市場特性について十分な調査ができていなかった。このように、L社を買収する理由（ⅰ.）および戦略性（ⅱ.）においては不明確な状況であった。シナジーの実現性の検討（ⅲ.）においても前述の通り、市場特性と対象会社の強み・弱みについて理解が不十分であったことから、買収後、大きな想定違いが発覚した。

　また、D社によるM社の買収では、その理由、戦略性およびシナジーの実現性が不明確なまま、案件を進めてしまったことは明白である。

　これら事例から見るに、M&Aの目的が不明確なまま案件を遂行すると、その目的が不明確であるがゆえ、デューデリジェンスで見極めるポイントも具体的に絞り込むことができず、PMIにおいてもシナジーを本気で実現しようというモチベーションも高まらないということに繋がる。言い換えれば、目的があいまいで、「買うことが目的化」してしまうが

ゆえに、買収検討時のリスク評価や対象会社経営陣への真摯なコミュニケーションに力が入らないのは、ある意味自然な行動である。

持続的成長への焦りが、買うことを目的化させる

「戦略なきM&Aはいけない」「目的もなく会社を買ってはいけない」と知りながら、「M&Aありき」で他の会社を買ってしまう会社は後を絶たない。それはなぜか。

その背景としては、「成長への焦り」があると考える。M&Aを検討する理由として、「今の業績では2年後、3年後に中期経営計画の目標数値を達成できない。だからM&Aをやるしかない」と考える経営企画・事業企画担当者の話をよく聞くことがある。しかも、そのような会社ほど、投資家・株主に対しては「企業価値経営」や「利益・キャッシュフロー重視」を標榜しているのにもかかわらず、社内では「売上高の成長」が経営指標として重視されているということがある。

また、企業のM&A担当部署が常備する買収候補先のロングリストは、本来、自社の成長戦略と合致した対象先を自ら抽出したリストであるが、事業に深く精通しない外部のアドバイザーにリスト作成作業を「丸投げ」している企業も散見される。

コラム 確証バイアス／リスクの楽観的バイアス

組織においては、一人では正常な判断力を効かせることができても、集団になると判断を誤るリスクが高まるのは古今東西の傾向である。判断を誤るリスクの代表例として、「確証バイアス」というものがある。確証バイアスとは、「ある考えや仮説を評価・検証しようとする際に、多くの情報の中からその仮説に合致する証拠を選択的に認知したり、判断において重視したりする傾向。仮説に都合の悪い情報は無視されやすい」という意味である（出所：広辞苑）。

M&Aの投資判断の際に、起こりやすい確証バイアスとし

ては、例えば、「対象企業の業績は安定している」「見積もったシナジーは実現する」「品質問題はさほど大きな問題ではない」「対象企業の経営陣は信頼できる」というものである。「わずかな危険な兆候も見逃さない」M&Aの現場では、プロセスに陥らず、「確証バイアスは起こり得る」と捉え、客観的情報を収集する粘り強さが必要である。

なお、「持続的成長への危機意識」を動機として、M&Aを実行することは動機が健全であれば悪いことではない。むしろ、組織の停滞感を打破するために、変革の手段としてM&Aを用いる経営者も存在するし、伝統的な組織風土に囚われている日本企業が生まれ変わるためには必要である。

M&Aを経営者や事業部長がトップダウンで主導する案件では、「世の中のイノベーションの波に乗り遅れ、会社の事業の柱が今後なくなっていく」「競合他社の台頭が著しく、業界ポジションが低下してしまう」「会社の将来性がなく、従業員のモチベーションが下がっている」など、主導する経営幹部の持続的成長に対する危機感が背景にあることも多い。このような危機感を背景に、トップダウン型でM&A案件を遂行した場合、迅速な意思決定や対象会社経営陣との強い信頼関係の構築ができる点では意義がある。

しかし、一方で、危機意識を持つトップの意向を「忖度した」幹部従業員が、いつの間にか「M&Aありき」で案件を進めてしまう可能性があることにも留意しなければならない。そのような場合、実務を担当するプロジェクトメンバーの心理に「バイアス（先入観、偏見、固定観念）」が入り、対象会社の重要な事業リスクを過小評価し、経営資源・経営能力を過大評価してしまう可能性がある。

競合他社がM&Aを活発化させている業界のある企業のトップから、「うちはM&Aをやらないのか」と言われた部下が指示に従おうとするも内心では「M&Aをやったこともないし、本音ではやりたくない」という話を聞くこともある。

　「顧客に提案したM&A候補先企業に飛びつく会社は少ない」。これは業界経験の長い、数多くの投資銀行マンやM&A仲介会社の人から良く聞くコメントである（もちろん自社の「意中の会社」の買収案件が彼らから持ち込まれれば別だが）。投資銀行には通常、主要業界別に営業担当者（カバレッジバンカー）を配置している。営業担当者は、顧客企業を訪問時、実際に売りに出ている企業や売却の可能性のある企業の情報を持参し、「今、M&Aの候補先を真剣に探索しているか」「どのような候補先選定基準を持っているのか」など企業側の本音を探っている。

　また、ある投資銀行マンは、「マンデート（M&Aアドバイザーとして正式に起用されること）をもらえる案件は、自らが提案した案件ではなく、別の案件のことも多い」と語る。つまり足繁く顧客のもとへ通い、ディスカッションをすることで、別の案件で顧客から相談を受ける可能性も高まるということだ。

　M&Aアドバイザーが顧客に提供する候補企業の紹介資料は、営業活動の際の顧客とのディスカッション資料の一つとして提供されている。

（5）　解決策および実務のポイント
「何のために買収するのか」、自問自答を繰り返す

　このような、目的なき買収を防ぐため、以下の改善策が考えられる。

> ①「当社ならではの」M&Aの目的の明確化
> ②M&A案件の評価基準と透明性の高い検討・
> 　実行プロセスの確立
> ③買収を止める勇気とプロセス

①「当社ならではの」M&Aの目的の明確化

　いわゆる「M&Aの巧者」「M&A先進企業」と言われている企業は、例外なく、事業戦略と合致したM&A戦略を策定し、M&A候補先企業のロングリストを整備している。そして、何年もかけて候補先企業を研究し、それら企業へのアプローチを試みている。本当に「欲しい会社」に対しては、一度断られても数年後に再度アプローチすることもある。前述の通り、M&Aの目的とは、i. なぜこの会社を買収するのか（M&Aの理由）、ii. この会社を買収することが当社の事業戦略と合致しているのか（戦略との整合性）、iii. M&Aをすることで具体的にどのようなシナジーが期待でき、その実現可能性は現実的か（シナジーの実現性）の3点である。

i. M&Aの理由

　M&A（買収の場合）の理由は、獲得したい経営資源の観点で捉えると網羅的に整理しやすい。つまり、「特定の経営資源の獲得」が、M&Aの理由・目的である。経営資源とは、一般には「ヒト、モノ、情報、ノウハウ」等に分類される（図表4-1）。

M&Aの目的は成長のため必要な経営資源を獲得すること

　上述の通り、「本質的な」M&Aの目的とは、「売上高の拡大」ではない。成長戦略実現のため、自社で有していないヒト、モノ、情報、ノウハウなどの何らかの経営資源を「時間をかけずに」獲得することが、M&Aの目的であり、「売上高の拡大」はその結果に過ぎない。成長戦略の実現手段として、M&Aを積極的に活用している企業では、自社の「足り

M&A・アライアンスにより獲得できる経営資源

経営資源の分類	具体的内容
ヒト（人材）	・特定分野の専門性が高い人材の獲得（例：システムエンジニア（SE）、AI（人工知能）技術者、データサイエンティスト、デザイナー、マーケティング担当者）など
モノ	・顧客：新規顧客の獲得（自社グループにとって、新たな顧客。海外進出による新たな地理的市場への進出も新規顧客獲得活動の一環であると解される） ・流通・販売網：狭義では、自社の製品・サービスの販売代理店の獲得、広義では新たな販売チャネルの獲得（例：リアル店舗やEC（電子商取引・インターネット販売）による販売網を獲得すること、間接販売（販売代理店を通して販売）をしていた会社が、エンドユーザーへの直接販売のルートを獲得すること）も含む ・生産機能：自社の生産能力の拡大に繋がる生産拠点・設備の獲得（例：現地消費市場向けの生産能力の拡大） ・原材料：原材料の調達先に出資、または調達先を買収することにより安定的調達を実現（例：資源・エネルギーや水産品など海外の競合企業との調達競争に陥りやすい製品） ・技術：自社では有していない新規技術の獲得（新規技術の知的財産権を含む、ヒト（技術者人材）の獲得と表裏一体でもある） ・研究開発機能：研究開発機能の強化（例：海外の研究開発型ベンチャー企業を買収、製薬会社による創薬ベンチャーの買収） ・ブランド：認知度の高い製品ブランドの獲得（例：海外消費財企業（グローバルないしは海外特定市場における認知度の高い製品ブランドを有する食品・飲料・化粧品会社）の買収） ・許認可：新規で取得することが困難、または取得に時間を要する事業に関わる許認可の取得（例：建設業が海外現地で建設業認可を有する企業を買収） <div style="text-align:right">など</div>
情報	・顧客情報（顧客属性、取引履歴、行動履歴、信用情報、非定型なテキストデータ等）、潜在的なプロジェクト情報、業界情報　　　　　　　　　　　　　　　など
ノウハウ	ヒト、モノ、情報に紐づいていることも多い。 ・マーケティング（例：顧客エンゲージメント構築、ユーザーエクスペリエンス（UX）、消費者インサイト分析、価格戦略、販売促進） ・販売（例：顧客関係のマネジメント、代理店マネジメント、与信管理、販売金融） ・製品開発（例：現地市場での製造・販売に関わる認証機関の審査項目） ・グローバル経営管理（例：多国籍市場の事業管理、タレントマネジメント、労働問題への対応） ・外部機関（例：政府機関、研究機関、業界団体）との関係構築方法 ・ビジネスモデル：例えば、プラットフォームビジネス（ユーザー、サービス提供企業、支援企業を結び付けるマッチングサイト）、サブスクリプションビジネス（顧客より定額利用料金を徴収する事業）、シェアリングエコノミー（モノ、場所、スキルなどを貸し借りする）、フリーミアム（基本サービスは無償で提供し、付加サービスを有償で提供） ・高度・専門的な事業運営のノウハウ（例：医療機関、再生可能エネルギー） <div style="text-align:right">など</div>

図表4-2 ヒト、情報、ノウハウの獲得を目的としたM&A・アライアンス事例

公表年月	買収者	被買収者	獲得した経営資源
2018年2月	電通	データアーティスト	マーケティング領域に強いAI人材
2019年4月	日本電産	オムロンオートモーティブエレクトロニクス	顧客、車載向け制御技術および技術系人材
2019年10月	ワールド	ラクサス・テクノロジーズ	ノウハウ／ビジネスモデル（シェアード・リユース事業）
2020年3月	三菱商事・中部電力	エネコ(オランダ)	風力発電など小型分散電源の技術およびノウハウ

出所：各社プレスリリースに基づき著者作成

ないピース（経営資源）」を明確に把握しており、そのピースを埋めるためのM&Aを繰り返すことで、自社の戦略目的（目指すべき企業の姿やビジネスモデル、経営数値目標などを指す）の実現に挑戦している。

　近年では、スタートアップ企業や異業種企業の買収に代表されるように、獲得する経営資源がモノから、ヒト、情報、ノウハウへと多様化している（図表4-2）。

なぜ当社が買収者としてふさわしいかという視点も必要

　ここで忘れてはいけないのが「なぜ当社がこの会社を買収すると経営がうまくいくのか」、相手企業の視点で言い換えれば、「なぜ数ある買収者の候補企業の中で、当社でなくてはならないのか」という視点である。

　「なぜ当社か？」という視点は、買収プロセスが他社との入札競争になる場合などで、直視せざるを得ないが、意外とこの視点が不足している場合がある。「なぜ当社か？」この問いに応えるためには、自社の強みを掘り下げて知る必要がある。実は、自社の強みと言うと、「技術」「品質」「顧客基盤」「営業力」など、社内でもあいまい、または抽象的に捉えられていることも多い。自社の強みを明確にし、M&Aを通じてその強みを磨いている企業は日本では製造業、欧米ではIT・インターネット業界の企業などが代表例として挙げ

られる。なお、日本企業の事例については、後述の「ⅱ.戦略との整合性の確認」および「図表4-4：合理性があると評価されやすいM&A戦略のストーリーの例」を参照していただきたい。

実績に裏付けられた強みは相手との信頼関係構築の一助となる

　なお、強みには、組織内の中心的価値観として根付いている企業文化やトップのリーダーシップに裏付けられる「経営能力」も含まれる。例えば、日本電産は、買収した会社の収益性を改善してきた「子会社マネジメント力」、リクルートホールディングスは、「圧倒的な当事者主義」をモットーに、インディード（米国）などのM&Aを成功させてきた。このように、複数のM&A案件を成功させてきた実績に裏付けられる経営能力は、新たなM&Aを行う際に、対象会社の経営陣と信頼関係を早期に構築し、次の成功体験を生むことに繋がる。

ⅱ. 戦略との整合性の確認

　戦略とは何か。一橋大学の伊丹敬之名誉教授は、「戦略とは、将来のありたい姿とそこへ至るための変革のシナリオ、この二つからなるものである」[*2]と定義している。戦略とは、言い換えれば、会社の経営目的を達成するための手段であり、目的達成までの道筋（ストーリー）でもある。

　言うまでもなく、M&Aは自社の成長戦略の実現手段の一つであるに過ぎない。また、M&A案件は一度プロセスが進み出したら、なぜその会社を買うのか、メリットはあるのか、リスクは軽減できるのかなど、限られた時間内で投資案件の戦略的合理性について「結論」に到達しなければならない。そのためには、M&Aを活用する領域、必要な経営資源、想定するターゲット企業の候補などについてあらかじめ、「仮説」を持っておく必要がある。これらがM&A戦略の重要な要素となる。M&A戦略とは、M&A・アライアンス（業

*2
『経営戦略の論理』（伊丹敬之著）日本経済新聞出版社

図表4-3 **M&A戦略立案のステップ**

Step1 自社戦略の確認	Step2 M&A戦略シナリオ 仮説の立案	Step3 M&A候補先の リストアップ
●**事業の成長戦略の確認**	●**M&Aを活用した成長戦略の具体化**	●**候補先選定基準の確認**
・事業領域(製品・地域)	・M&Aの対象領域	・定性面
・市場の成長性	(製品・サービス、地域、顧客)	・定量面
・競合の動き	・M&Aの目的	●**ロングリスト作成**
・自社の強み・弱み(経営資源)	(例:顧客獲得、新技術獲得、	●**ショートリスト作成**
・戦略的方向性:	機能補完、ビジネスモデル獲得等)	・優先順位付け
成長戦略の仮説(ストーリー)	・期待するシナジー効果	●**アクションプラン策定**
・中長期経営目標	・M&A後の事業の成長仮説(ストーリー)	・推進体制
・経営目標達成のための	・M&A/PMI実施のための	・コンタクト方法
課題と解決策のオプション など	課題と対応策 など	・スケジュール など

務・資本提携）などのインオーガニック（In-organic：外部経営資源を活用した）の成長戦略の実現手段を選択して、自社のありたい姿に到達するための具体的なシナリオを意味する。

M&Aはノンオーガニックな成長戦略の実現手段

M&A戦略は、自社の成長戦略との整合性が取れているものでなければならない。

M&A戦略立案のステップ（図表4-3を参照）は、まず（Step1）、自社の成長戦略の確認から始まる。自社や事業部門の属する市場における潜在的成長性、競合の状況および自社のポジショニングを分析する。自社の将来のあるべきポジショニングや中期経営目標とのギャップをどう埋めるか、そのストーリーが戦略仮説となる。そして、その戦略の実現手段（アクション）として、オーガニック（Organic：自前で）の成長、インオーガニック成長手段をオプション（選択肢）としてテーブルに並べる。そして、各オプションを戦略との合致度、期待できる効果、リスク、コスト、時間軸などの観点で、相対的に評価し、特に目的達成に要する期待時間が短い場合、インオーガニックな実現手段（アクション）が選択される（もちろん、他の要素も加味される）。

M&A後の事業の成長シナリオ仮説を描く

　次に（Step2）、M&Aを活用した成長シナリオの仮説を具体化していく。

　まず、M&Aの対象となる事業領域を設定する。これは既存の事業における業種・業態の製品・サービス・展開地域のみならず、異業種・業態も対象となることがある。最初に対象事業領域を現状と同一に設定してしまうと、取り得る選択肢が限定的になり、発想が固定化してしまう可能性があり留意が必要である。むしろ、対象事業領域を広げることで新しい事業展開のシナリオが生まれることもある。次に、その領域におけるM&Aの目的を定義する。どのような経営資源（顧客、技術、人財、ノウハウ等）を獲得したいのか、さらに自社の経営資源と相手企業（Step2時点では未特定、「企業X」のレベルで良い）の経営資源を相互利用すると、どのようなシナジーが生まれるのかを明らかにする。その上で、M&A後の事業の成長仮説（ストーリー）を描いておく。例えば、「自社の有する技術Aと相手企業の有する技術Bを組み合わせて、差別化できる新製品を開発し、C市場において相手企業の顧客に販売する。X年後の売上規模は○○億円、顧客シェアは○○％を目指す」といったものである。

M&Aの候補先は選定基準に合致した企業

　最後に（Step 3）、M&A戦略シナリオ仮説に合致したM&Aの候補先企業をリストアップする。

　定量面（例：売上高、利益率、従業員数など）に加え、定性面（例：具体的な事業領域、獲得したい経営資源など）の基準に基づき、ロングリストを作成する。さらに、投資対効果（シナジーを含む）、買収後の事業の継続性、譲渡の実現可能性（例：株主が持分を譲渡する可能性）、譲渡スキーム、企業文化の類似性、経営者の資質など、わかる範囲で優先順位を付け、候補先企業を絞り込んだ「ショートリスト」を作成する。その上で、そのショートリストに記載された企業の内、特に優先度の高い候補先について、どのようにアプロー

チしていくのか、具体的なアクションプランを検討する。

　一般に、投資家・株主やステークホルダーの観点から「合理性が高い」と見られるM&Aによる成長ストーリーはどのようなものか。もちろん、「合理性」を評価するには、戦略的見地のみならず、財務的見地からの投資対効果の視点が必要である。自社との戦略には合致していても、投資回収に15〜20年要する買収案件の実施が「合理的」な判断とは、不動産や資源開発など、一部の案件を除き、言うことはできない。

合理的なM&A戦略とは、「わかりやすい」ストーリーがあること

　しかし、少なくとも戦略的見地からの「合理性」は投資家・株主やステークホルダーの観点から、担保されていることが必要である。「合理性」とは、「自社の強みを活かせ、実現可能なシナリオが予見できるM&A戦略のわかりやすさ」と考える。「戦略のわかりやすさ」とは、例えば、M&Aに

図表4-4 **合理性があると評価されやすいM&A戦略のストーリーの例**

戦略ストーリー	ストーリーおよび企業（M&A対象領域）の例
① 強みを伸ばす	「ニッチトップ」の確立…クラレ（ポバール樹脂） 世界一…日本電産（モーター）、ダイキン工業（空調機）、 　　　　ダイフク（マテハン）、東レ（炭素繊維）、シスメックス（検体検査） コア技術を活用した製品の用途拡大…NISSHA（加飾技術）
② 環境変化へ適応する （ゲームチェンジとなる 事業モデルへの転換）	非対面の顧客接点の増加…資生堂（デジタル顧客体験）、 　　　　アシックス（フィットネストラッキングアプリ） 自前主義からの脱却…デンソー（新技術獲得）
③ 参入障壁の 高い業界において 事業基盤を 獲得・強化する	ライフサイエンス業界における将来の「金がなる木」の獲得 　　　　…製薬会社（創薬ベンチャー）、旭化成（医療機器） 航空業界関連業務への参入…ダイフク（空港用マテハン） 新たな製品セグメント（ハイエンド）への参入…コマツ（鉱山用機械）、 　　　　クボタ（大型建機）
④ 「経済圏」を拡大する	顧客接点の拡大…KDDI（金融など）、オイシックス・ラ・大地（食品） グローバル化…日本たばこ産業（たばこ）、 　　　　アサヒグループホールディングス（酒類）

出所：各社公開情報に基づき、著者作成

より「自社の強みを伸ばせる」「自社の業績に影響を与える環境変化に適切に対応できる」「M&Aにより業界の参入障壁をクリアできる」「新たな経済圏を獲得できる」というものである。これらの戦略ストーリーにおいて、各社の持続的成長の姿が「見える」ことがポイントである。

　図表4−4は、戦略的見地から「合理性がある」と評価されやすいM&A戦略ストーリーの例である。事例はあくまでも、成長戦略との整合性が比較的明瞭でわかりやすいものを抽出した。各社のM&Aの取り組みの成果については、中長期的な時間軸で個別に検証する必要があることは了承頂きたい。

　一方、図表4−5は、一般的に戦略的合理性がない、または低いと見なされやすい案件である。買収公表直後の世間からの「何のために買ったのか？」という反応は、感覚的には合っている。

コラム 「目的なき前進」は日本的組織の「お家芸」か

　なぜ、日本は組織的失敗を繰り返すのか。日本軍の組織的敗因を分析したベストセラー『失敗の本質』では、「いかなる軍事上の作戦においても、そこには明確な戦略ないし作戦目的が存在しなければならない。目的のあいまいな作戦は、必ず失敗する」[*3]と述べられている。

　明確な目的がない、手段を目的として進み出したら軌道修正できない、という日本的組織の特徴は今に始まったことではない。

*3
『失敗の本質〜日本軍の組織論的研究』(文庫版)
戸部 良一、寺本 義也、鎌田 伸一、杉之尾 孝生、村井 友秀、野中 郁次郎 著
中央公論社

ⅲ．シナジーの実現性の検証

　シナジー（Synergy）とは、第3章で定義した通り、買収企業と被買収企業の経営資源を相互利用することにより生み出される相乗効果である。シナジーは、一般的には、バリューチェーン（研究開発、調達、生産、販売・サービスなど、事業活動の価値連鎖を表わす）に分けて分析することが多い。

図表4-5 **戦略的合理性がない、または低いと見なされる案件**

買収するメリットが見えない

- ・目的や戦略が後づけ、戦略が見えない
- ・既存事業との関連性も低い
- ・対象事業に特段魅力がなく、将来性がない
- ・技術革新が遅れ、時代の波に乗れなかった企業を買う

PMIができそうにない

- ・企業文化があまりにも違いすぎる
- ・海外初の案件にしては、規模が大きすぎる
- ・過去にもM&Aを失敗している
- ・自社に経営人材が不足している

「シナジーがある」から買う

- ・「地域や製品の補完があるから買う」以上の説明がない（シナジー＝戦略ではない）
- ・シナジーの実現性が明らかに低い（絵に描いた餅）

一見「有望な」市場への投資

- ・単に「伸びる市場」という理由で、異業種・業態の企業がM&Aを通して新規事業に参入する（例：ヘルスケア、再生可能エネルギー、〇〇tech）⇒実は参入企業が多すぎてもはやレッドオーシャン

図表4-6 **シナジーの分類の例**

研究開発	調達・物流	生産	販売・サービス	管理

コストシナジー

研究開発	調達・物流	生産	販売・サービス	管理
・仕様統一による材料費削減 ・開発プロセス短縮 ・研究開発テーマの統廃合 ・研究開発拠点の統合	・原材料の共同調達 ・購買業務の一元化 ・調達品質管理ノウハウの共有 ・低コスト・高品質の材料の探索・調達 ・物流リードタイム短縮（物流費削減）	・新設備開発による投資削減 ・ライン・工場立ち上げ支援 ・生産拠点の統合 ・品質管理強化による歩留まり改善	・販売チャネル統合 ・販売拠点の統合 ・製品・商品アイテムの統合 ・カスタマーサービス ・ポリシーの統合 ・業務プロセス統合	・経理業務・プロセス統合/アウトソーシング ・タックスプランニングによる税務費用削減 ・CMS導入による資金調達・管理コスト削減 ・e-learning導入

売上シナジー

研究開発	調達・物流	生産	販売・サービス	管理
・新製品の共同開発 ・開発プロセス短縮 ・知的財産権の相互利用 ・公的研究機関・産学ネットワークへのアクセス ・技術・シーズの獲得	・物流リードタイム短縮による販売機会ロス削減	・生産キャパシティの共有（他拠点の余剰キャパシティの利用） ・設備開発ノウハウの共有による設備生産性向上	・販売チャネルの多様化（対面・非対面） ・キーアカウントへの共同提案 ・サービスノウハウの共有による収入増 ・新規顧客紹介 ・クロスセル ・CRMソリューション活用	・特定マーケットに知見・人的アクセスを有する人材の登用

各バリューチェーンにおいて生じるシナジーは、財務的観点からは、両社の経営資源を相互利用することによる、コスト削減効果（コストシナジー）と売上増加の効果（売上シナジー）に分けられる（図表4-6）。

　シナジー試算の実務は、株主・投資家や社外取締役から買収の合理性について説明を求められる機会の多い上場企業を中心に浸透が進んでいる。しかし、買収意思決定時に合理性および実現可能性の高いシナジーを試算すること、PMIフェーズに入り、再度見積もったシナジーの実現可能性を高めることは一筋縄では行かない。精緻なシナジー試算をするためには、必要な販売やコストの実績データの収集、目標とする販売数量、単価、コスト金額等の仮説立案において、被買収企業・子会社の協力が必要であり、そのシナジーの実現には、社内の各部門の調整や、仕入先・販売先など外部の第三者との交渉も伴うからである。

想定違いのシナジーを知ることが予測精度を高める
　このように、買収意思決定時に企図したシナジーの想定は、PMIにおいてその想定違いに気づくことは必然である。まずは、どのようなシナジーの想定違いや過大評価が起こり得るか、理解しておくことも予測精度を高めるための第一歩である。図表4-7に例を示したい。

　シナジーは、M&Aのディール遂行およびPMIの経験を繰り返すことにより、事業の知見とPMIの「経験知」を蓄積し、その予測精度と実現可能性を高めていく以外に王道はない。

初期段階から、ディール、統合計画まで仮説検証を繰り返す
　M&Aに慣れた企業は、図表4-8のように、ディールの初期段階からシナジーの仮説を立て、デューデリジェンス、統合計画策定、その後の業績評価の機会において、当初設定

図表4-7 典型的なシナジー想定の誤り・過大評価の例

シナジーの種類	PMIの実行段階において判明した想定の誤り・過大評価の例
売上シナジー（販売機能）	・流通支配力の弱さから、流通業者に商品を販売してもらえない。 ・品質が良くても価格が高すぎて海外の現地市場に受け入れられない。 ・低価格品の流通チャネルを利用してハイエンド品を販売しようとした。 ・海外の買収した企業の製品を、日本企業に販売しようとしたが、顧客の期待する品質水準（明文化されない要求事項も含む）に満たない。 ・流通業者の統合の際に、多額の取引解約違約金を支払った。 ・アフターサービス体制の構築にコストとリソースがかかりすぎる。
売上シナジー（製品開発機能）	・対象市場での規格・規準に知見がなく、製品の市場投入が遅れた。 ・設計技術者の意見の対立から、仕様統一が進まない。
コストシナジー（調達機能）	・需要急増中の原材料であり、ボリュームディスカウントが効かなかった。 ・原材料を新興国からの調達に切り替えようとしたが、自社の品質基準を満たさない。
コストシナジー（製造機能）	・海外の工場ラインの生産性向上のため、日本側の生産技術を導入しようとしたが、導入に伴うコストアップについて現地の理解を得られない。 ・新製品の生産プロセスが安定化せず、不良品が増加した。 ・現場の抵抗に遭い、省人化が実現しない。

図表4-8 仮説検証の繰り返しによるシナジーの精度向上

シナジーは、PMIの青写真が早期に出来ていると、仮説検証がスムーズになる

初期仮説	検証（1回目）	検証（2回目）	検証（3回目）
「ドアノック」時	1次提案時	DD（意思決定時）	統合計画策定時

シナジーの詳細度

主なシナジー項目を列挙（特に前向きなもの） 例えば…… ・顧客紹介・クロスセル ・新製品の開発等	主なシナジー項目（売上・コスト）を簡便的に定量化し、提案価格に織り込む ・売上シナジー ・コストシナジー	主なシナジー項目（売上・コスト）をテーマ別に定量化 ・売上シナジー ・コストシナジー	シナジーを機能・事業・施策別に詳細化し、統合計画・事業計画に織り込む（意思決定時のシナジー数値は先方に非開示の場合が多く、開示は慎重に）

実施作業

・両社の経営資源の共有によるシナジーを定性的に抽出 ・ディスシナジー（カニバライゼーション、顧客喪失等）もリスクとして内部検討時には考慮	・売上増・利益改善効果をベンチマーク指標（過去実績や他の製品）に基づき、簡便的に試算（例：X%の単価改善・売上増加・コスト削減） ・提案戦略上、リストラを過度に想起させない配慮も必要	・対象会社経営陣と議論（ビッドの場合は、機会が限定）により、施策の優先順位、実現性、時間軸を決め、中長期ロードマップを作成 ・財務的効果（売上、コスト、利益、CF）および必要投資・コストを見積もり	・両社で拡大プロジェクトチームを発足。PMOおよびWGで協働してシナジーを定量化。事業計画に織り込む ・各シナジー施策のアクションプランと実施担当者を明確化 ・以後、PDCAサイクルを回す

したシナジーの仮説検証を繰り返し行っている。シナジーを
ディールの初期段階から、アイデアレベルでも持っておくこ
とで、対象企業の経営陣ともシナジー、言い換えれば「PMI
の青写真」（第3章、p.76を参照）のディスカッションを早期
に開始することが可能となる。

　早めにシナジー検討を開始することは、買収候補企業が複
数社存在する場合に、対象企業やその株主に対して自社の戦
略性をアピールできるだけでなく、買収後、対象企業との信
頼関係が早期に構築でき、シナジーの実現可能性が高まると
いう効果がある。対象企業の情報が不足しているからと、シ
ナジー検討を諦めるのではなく、仮説思考でシナジー検討に
チャレンジすべきである。

シナジー見積もり作業にも優先順位付けがある

　なお、シナジーをバリューチェーンごとに試算する実務を
紹介したが、研究開発、調達・物流、生産、販売・サービ
ス、管理といった各機能のシナジーを同程度の労力をかけて
満遍なく算出することは有益ではない。なぜなら、買収には
戦略的目的があり、その目的実現のために重要な役割を果た
す機能領域におけるシナジーの検討の優先度を高くすべきで
あるからである。例えば、M&Aの目的が市場シェア拡大で
あれば、市場の支配力やブランド認知度が高まることによる
売上増や、規模の経済が働くことによる調達コストや生産コ
ストの減少が期待できる。また、M&Aの目的が自社の製品
技術を補完する技術の獲得であれば、新製品開発による売上
増が見込める。このように、M&Aの目的と優先度の高いシ
ナジー施策は整合的な関係にある（戦略、M&Aの目的とシ
ナジー仮説の論理の一貫性の重要性については、第3章、
p.69 〜 73を参照）。

②M&A案件の評価基準と
　 透明性の高い検討・実行プロセスの確立
　次に、M&A案件の評価基準と、透明性の高い検討・実行

プロセスは、投資の合理性を株主や金融機関などの重要なステークホルダーに説明するためにも必要である。

　評価基準としては、例えば、対象会社の企業価値／EBITDA[*4]の倍率、社内の投資評価基準に基づく投資収益性、買収実施後の財務的影響額などの定量基準や、自社の事業戦略との合致度、経営資源の強み・弱み、自社の企業文化との親和性（PMIのしやすさに繋がる）、法的リスクの緩和策、PMIにおけるリスク・課題の対応策の準備度など、定性面の基準に及ぶ。

意思決定時には、メリット、リスク、PMI完遂能力の観点で評価

　これらをまとめると、M&Aの評価基準は、1）M&Aをするメリットはあるか、2）リスクは抑えられているか、3）PMIをやり抜く力があるかの3点である。日本企業においても、上場企業を中心に企業価値経営の浸透が図られている中、1）と2）の合理性の検討は日々進化している。しかし、数々のM&Aの意思決定に携わってきた者として、「○○（名前）が責任を持ってPMIを担当します」という決意表明、つまり「3）PMIをやり抜く力があるか」ということが、最後には意思決定当事者の「精神的な拠り所」となっている。M&Aでも通常のビジネスでも、「コミットメント」「やり抜く力」が、成否を分ける。

　また、透明性の高い検討・実行プロセスとは、前述の評価基準をもとに、社内で案件を進めるか、中止するかを判断する社内の検討プロセスである。

　あるグローバル産業用部品サプライヤーは、投資委員会を設置し、事前交渉開始、デューデリジェンス（DD）開始、契約交渉開始および契約締結の4つの「関門」（いわゆる「フェーズゲート」）を設け、各ゲートの明確な通過基準のもと、案件を遂行している（図表4−9）。

③買収を止める勇気とプロセス

　「当社の買収案件は一度動き出したら中々止められない」。

*4
EBITDA（税引・償却前利益）。評価対象会社と業界、エンドユーザー市場、ビジネスモデル、財務構造等の面において、類似する企業の企業価値（株主資本価値と純有利子負債の合計）のEBITDAに対する倍率の情報に基づき、自社で投資できる企業価値／EBITDA倍率の上限値（例：6倍）を定め、これを買収価格の指針とする。

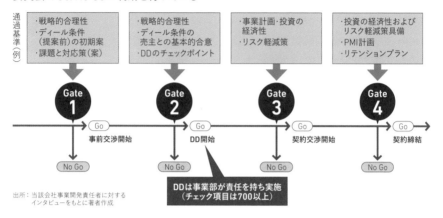

グローバル産業用部品サプライヤーは、契約締結までのフェーズゲートを4か所設け、投資委員会でGo/No Goの判断を行っている

通過基準(例)

・戦略的合理性
・ディール条件（提案前）の初期案
・課題と対応策（案）

・戦略的合理性
・ディール条件の売主との基本的合意
・DDのチェックポイント

・事業計画・投資の経済性
・リスク軽減策

・投資の経済性およびリスク軽減策具備
・PMI計画
・リテンションプラン

Gate 1 ── Go 事前交渉開始 ── No Go

Gate 2 ── Go DD開始 ── No Go

Gate 3 ── Go 契約交渉開始 ── No Go

Gate 4 ── Go 契約締結 ── No Go

DDは事業部が責任を持ち実施（チェック項目は700以上）

出所：当該会社事業開発責任者に対するインタビューをもとに著者作成

上場企業のコーポレート部門担当者から良く聞かれる意見である。

いつでも止められる仕組みを作る

ではどうやって止めたらいいのか。まず、あらかじめ、M&Aの投資判断の「プロセス」を制定しておく方法が考えられる。「プロセス」とは、客観的な基準と手続きにより、M&Aの検討着手、案件評価、実施および事後評価ができる仕組みのことである。まさに、前述の「②M&A案件の評価基準と透明性の高い検討・実行プロセス」を構築することに他ならない。このプロセスにのっとり、事前に合理性の低い案件の防止機能が作動することが最も望ましい。

著者が実際に経験した買収を止める方法（図表4-10）には、「仕組みを作る」方法以外に、「人を巻き込む」「自ら声を上げる」という方法がある。

「人を巻き込む」方法とは、社外取締役やアドバイザーに「外圧の効果」を期待し、客観的意見を言ってもらう、ないしはあえて消極・反対派の役員を検討メンバーに入れる方法

図表4-10 **実際に買収を止めた方法**

①止める仕組みを作る
　…案件検討開始から意思決定までフェーズごとの「通過（Go／No Go）基準」を決めておく

②外圧を使う
　…社外取締役や「倫理観の高い」アドバイザーから客観的意見を言ってもらう

③あえて消極・反対派の役員をメンバーに入れる
　…推進派からは煙たがられるが、後で「良かった」と感謝されることも

④声を上げて「No」と言う、または、「Yes, but No」と言う
　…普通の会社員にも数々の武勇伝があり

などがある。

　また、プロジェクトチームメンバーが声を上げて「No」と言う方法もある。「No」と言うことは、組織人として将来のキャリアが危機に瀕するリスクもあり、勇気を伴う行動であるが、結果的にはもしM&Aを実行していれば発生し得る損害を未然に防止することに繋がる。

　もし、「声を上げる」ことが「角が立つ」のであれば、M&Aには総論賛成だが、各論では色々と課題を提起する（「Yes, but No」）方法も効果的である。なお、「総論賛成、各論反対」のやり方は、改革への抵抗勢力が講じる方法とも似ており、有望な案件を潰してしまうリスクもあるので留意が必要である。

コラム 社外取締役への根回しで、社長の独走を止めたN社

　あるメーカーは、戦後に創業し、日本の経済成長を支えてきた会社であった。近年、主な需要先が海外にシフトしたことから、N社も自前で海外拠点展開を進めていた。その結果、当社はグローバルで指折りの企業となった。ある時、海外大手メーカーの事業部門が売却されることになり、有力な買い手候補企業としてN社にも声がかかった。先代の創業者は、

創業時には足元にも及ばなかった欧米の一流企業の買収の検討機会に接し、感無量の表情であった。現社長も、「これは一世一代の好機」と捉え、検討を開始した。

しかし、本件は「小が大を呑む買収」であり、関わる主要幹部の多くは、「本件買収はすべきではない」と内心考えていた。社長の強力なリーダーシップのもと、外部アドバイザーの支援を受け、当社は1次入札を通過した。デューデリジェンスを実施し、いよいよ最終契約前の2次入札に望む際、社長の右腕である役員が動き出した。その役員は、外部アドバイザーの協力を得て、本件の推進は当社にとって適切ではない旨の資料を作成した。適切ではない理由は、①戦略的合理性の不足と②PMIをやり切るリソースの不足であった。役員は、その資料を社外取締役に説明し、社外取締役の本買収に対する反対意見を取り付けた。結果として、社長は本件の検討を断念し、2次入札への参加は見送りとなった。

目的があいまいな買収は実行すべきではない

明確なM&Aの目的がなく、PMIをやり抜く覚悟がないのならば、M&Aはやるべきではない。そのような企業は、M&A以外の成長実現手段を探すべきである。「既存事業・市場では成長が見込めないからM&Aを実施する」のではなく、M&Aのみが唯一無二の選択肢かどうかを考える。企業は、それよりも自社の強みを磨き、弱みを克服することに精力を集中すべきである。我々は、感染症や自然災害により、移動手段やサプライチェーンが分断され、必ずしも地理的な事業拡大が「ベストな戦略」でないことを学んでいる。M&Aは成長戦略の実現手段の一つに過ぎないことを、今こそ再認識すべき時である。

リクルートホールディングス取締役・専務執行役員の池内省五氏（社名・役職名は当時）は、キャリア情報サイトのインタビューでこのように語っている。「一番多いのは、担当役員が『何のためにこの会社を買ったのか』と悩んでいるよ

うなケースです。トップの鶴の一声で買ったという例もある
でしょうし、それがダメとはいわないけれど、買収の目的が
あいまいだといけません。買収して何をしたいのか、これは
死ぬほど議論しても、やりすぎはない。その問いに答えられ
ないなら、やめた方がいいです」[*5]。

*5
日本経済新聞社 日経電
子版 出世ナビキャリアコ
ラム 2018年4月4日付

コラム **全社で推進するM&A案件に対して一人で反対表明をしたOさん**

　ある大手メーカーが、投資ファンドからそのファンドが保
有する企業の株式の買収について提案を受けた。大手メーカ
ーのトップは本件買収に対し、前向きで、早速プロジェクト
チームが組成された。プロジェクトチームにおける実務の中
核メンバーであったOさんは、対象会社のデューデリジェン
スの結果、競争力を有する事業が少ないにもかかわらず、売
り手から提案された買収価格が高すぎることから、担当役員
に対して、本件の取り組みについて反対意見を表明し続け
た。社長が本件に積極的であることを知る担当役員は、執拗
に本件からの撤退を迫るOさんを買収検討チームから外し
た。結果、Oさんの意に反し、買収は実行された。

　PMIに入り、当社と買収された会社は業界の競合企業で
あったこともあり、統合の協議は難航した。そこで、一旦外
されたOさんが、その交渉力と実務能力を買われPMIチーム
メンバーとして投入されることとなった。一時は、冷や飯を
食わされたOさんであったが、両社の統合活動の数々の実務
的課題を解決し、その後も本社の重要部門で活躍することと
なった。

5

「あとは事業部に
任せた」
〜PMIに関心の低い経営者

日本では、「PMIは「有事のイベント」であり
経営者(社長、事業部担当役員など)が関与すべき」という認識は
企業において十分に浸透されているとは言い難い。

経営者のPMIに対する関心の低さの背景には、
「M&Aは買って終わりである」という考え方、
経営者の自己の役割に対する認識不足、そして、根底には
企業価値経営を前提とした結果責任意識の
浸透不足がある。

しかし、コーポレートガバナンスの観点から、
経営者に対して結果責任が問われないということはあり得ない。
実際、「M&A先進企業」の事例を見るに、
経営者はM&Aの成功にコミットしている。
経営者は、相手企業のトップとの信頼関係の構築、
社内でのM&A・統合方針の示達および株主・投資家・顧客等の
重要なステークホルダー(利害関係者)とのコミュニケーションにおいて
リーダーシップを発揮することが期待されている。

経営者が時間的制約やリーダーシップを取ることに消極的な場合、
ボトムアップで経営者がリーダーシップを発揮できるような
「お膳立て」も必要である。

まず、経営者の「顔が見える演出」を行う。相手企業の経営陣と従業員は、
親会社のトップ・役員が何を考えているか高い関心を持っている。
トップからの戦略、ビジョン、経営方針に関わる「発信」は、
効果的にPMIを進めるために必要である。

次に、トップ自らのリソース不足の問題を解決するためには、
自らの右腕となる「ナンバー2」となる経営幹部にPMIのリーダーを任せ、
経営者を「後ろ盾」とした実務責任者を配置するなどして補っていく。

相手企業のトップと上司・部下の関係を明確にし、
ガバナンスのグリップを握るためにもトップの関与は必要である。
資本の論理から見て、ガバナンスは遠慮する必要ない。

　日本においてもM&Aが普及するにつれ、「PMIは大事」と言われるようになって久しい。しかし、PMIの重要性については「言うは易し」ではあるが、実際には「行うは難し」のである。なぜなら、PMIは事業経営そのものだからである。買収によって新たにグループ入りした子会社の連結決算のための決算プロセスを整備し、決裁権限規程など最低限の経営管理ポリシーを導入する程度しか行わず、子会社との事業上の連携は少ない親会社も高い割合において存在すると見られる。

　なお、第3章で定義した通り、PMIとは、「M&A後、買収企業・被買収企業間のシナジーを実現し、両社の企業価値向上のために、ガバナンスの仕組みを構築し、両社の戦略を連携させ、オペレーションを統合すること」である。「両社のオペレーションを統合する」とあるが、その統合の範囲と深さは、M&Aの目的、期待するシナジーの大きさやシナジー実現に要する期間等により変わってくることに留意頂きたい（第3章p.65～69を参照）。

　本章では、「7つの悪しき種」のうち、「4.結果責任意識の欠如」および「5.「有事性」の理解不足」が失敗原因と思われる事例を紹介したい。

（1）事例5 「PMIはゆっくりでいい」と言う社長への忖度からプロジェクトが中断したE社

　トップダウン型の経営スタイルの企業においては、M&Aの案件検討段階から相手企業のトップとの関係構築に自社のトップが関わることにより、意思決定が円滑に進むという利点がある。

　M&Aの実行段階においては、第4章で述べた適切な案件評価プロセス（第4章p.110を参照）を前提として、「契約締結」という明確なゴールが社内で共有できており、プロジェ

クト関係者一同、期限に遅れないよう同じゴールに邁進する。一方でPMI段階に入ると、対象会社の事業を毀損させぬよう、円滑に事業継続をしたいという心理が働く。これは買収した親会社側のみならず、買収された子会社の経営陣、従業員、取引先から見れば、当然のことである。

　しかし、買収により多額ののれん[*1]が計上された場合や買収した子会社の業績が悪化している場合など、よほど「トリガー（引き金）となる」事象がない限り、買収企業側がPMIを急ぐ誘因が湧きにくいのが実情である。ましてやトップダウン型の経営スタイルの企業においては、PMIの方針について、社長以外の経営陣や従業員が社長の顔色を伺うことがある。以下は、社長の「鶴の一声」によって、一度始めたPMIプロジェクトが解散させられたケースである。

「PMIマネジメントは苦手」という鶴の一声

　E社（製造業）は、海外事業（欧州、米国およびアジア）の拡大のためにP社を買収した。E社にとっては、海外で初の大型買収であった。海外経験の豊富なE社の海外事業担当役員が、買収プロセスをリードした。無事に買収が完了し、E社とP社の経営幹部が日本で一堂に会することとなった。E社社長は会合の冒頭の挨拶で、本買収によってE社グループの売上高規模が大幅に拡大したことを称賛した。

　社長のスピーチの後、PMIプロジェクトのキックオフミーティングが開催された。E社とP社の経営幹部同士が、販売、製造、研究開発、財務、人事、情報システムなどのワーキンググループ（分科会）に分かれて集い、短期と中長期のアクションプランが議論された。

　その後、両社の経営幹部が集まる第1回の代表者会議が、2か月後に海外のP社の主要拠点で開かれることになった。E社社長にとっては、初の主要拠点の訪問であり、P社幹部はE社社長の来訪に期待していた。しかし、諸事情が重なり、代表者会議への参加に消極的なE社社長の意向により【注：失敗原因5.「有事性」の理解不足】、第1回の代表者会

*1
のれん
「取得価額が、受け入れた資産および引き受けた負債に配分された純額を上回る場合には、その超過額」（企業会計基準第21号「企業結合に関する会計基準」第31項）。のれんは、M&Aにおける買収価額が、被買収企業の修正純資産額（簿価純資産額に対し、資産の適正な価値への修正や、会計上の適切な修正を行った後の純資産額）を上回る場合の超過額を意味する。

議は延期になった。その頃から、E社社長の「PMIは急いでやらなくてもよい」という発言が目立つようになった。

あれほどP社買収に熱を入れていた社長の発言を疑問に思ったE社のプロジェクトメンバーが社長にその理由を聞いたところ、「うちは海外企業のマネジメントは苦手だ。余計なことをしてP社の事業に悪影響を与えたら大変だ。P社のことを尊重し、経営を任せよう」という発言があった。E社の社長の意向を聞いたPMIのプロジェクトリーダーは、プロジェクトチームを解散し、PMIは各部門の自主性に任せることになった【注：失敗原因4.結果責任意識の欠如】。

E社の国内販売が伸び悩む中、P社の連結子会社化はグループの売上増加に寄与した。しかし、買収時のシナジーの実現は当初計画比、数年単位で遅れた。現時点では、P社の買収によりグループ規模拡大は果たせたが、E社とのシナジーによる新たな利益貢献は生み出せていない状況にある。

（2）事例6 「社長への儀礼的な報告会」に嫌気がさして、辞任したF社子会社社長

「親会社のトップの顔が見えない」「親会社のトップが何を考えているかわからない」「私のボスは誰なのか」……。このような発言が、新たに日本企業の子会社となった海外の会社の社長から聞かれることがある。著者の経験では、日本企業に買収された子会社の社長が、当初から親会社の経営陣に対して表立って反抗的な態度を取ることは意外と少なく、その多くは「友好的に」振舞う。本来、資本の論理上、親会社の指示事項に耳を傾けるのは自然であるし、経験のあるビジネスマンは、公の場で紳士的な態度を取ることは心得ている。しかし、子会社の経営陣が「Yes」と肯定的な反応を示したからといって、これで「相互理解ができた」と受け止めるのは早計である。

以下は、親会社に「従順である」と見られていた子会社社長が突然退任をしてしまった事例である。

初めての海外大型M&A案件

F社（製造業）は国内需要が縮小する中、同業で、欧州、米国、アジアで事業展開を行うQ社を買収した。F社にとっても海外で初の大型買収プロジェクトであった。Q社社長は、F社による買収前からの社長が留任した。Q社社長は、Q社の前株主の一人でもあり、複数の会社を渡り歩いた経験を持つ、いわゆる「プロ経営者」であった。

「儀式的」で盛り上がらない統合委員会

F社によるQ社の買収後、両社の経営幹部が集まる代表者会議が日本で開かれた。これまで国内営業畑が長かったF社社長は、会議に出席することを嫌がっていた【注：失敗原因5.「有事性」の理解不足】が、プロジェクトチームが社長を説得し、社長は「渋々と」会議に出席した。

当日は、F社のプロジェクトチームが用意したアジェンダと資料に基づき、議事が進められた。統合方針は、数年かけて両社の海外事業を統合していくという案であった。プロジェクト事務局の担当部長が、事前に用意した統合方針案を「社長の方針として」説明し、それに対してQ社社長がその方針に同調したコメントを一言、二言述べ、会議は何事もなく進んでいった。ちなみに、F社では、社内の経営会議や重要な会議において、社長の方針であっても、社長自身が会議の席で口火を切ることをせず、まず事務方が内容を説明し、社長がコメントを付け加えた後、方針が決定されるという「伝統」があった。F社は、Q社との統合方針の協議においても、従来の「事務局主導」かつ「予定調和的な」経営会議の審議方式を踏襲していた【注：失敗原因5.「有事性」の理解不足】。

買収先の早期統合提案に躊躇する日本側と
買収先社長の突然の退任

　2回目の代表者会議に先立ち、F社プロジェクト事務局から、社長に対して、「一度はQ社を訪問してはどうか。その方が現地の従業員も喜ぶのでは」と提案があった。しかし、社長は現地を訪問することに気乗りせず、再度、Q社社長に来日してもらうことになった。会議の議事進行は1回目同様、プロジェクト事務局から社長に対して、プロジェクトの進捗報告と方針説明がなされた。F社の社長や役員からの指摘や指示はあまりなかった。Q社社長も自らの意見を強く主張することもせず、会議は「無難に」終わった。

　Q社社長は、その後数か月して、Q社の主要顧客向けのビジネスが伸び悩む状況を見て、短期的に収益を改善させる策として、営業拠点の統合等をF社に提案するようになった。これにはQ社社長の報酬が業績連動になっていたという背景もある。しかし、海外事業の経験が不足し、性急な事業統合による事業の混乱を避けたいF社は、Q社社長の主張に取り合わず、3年程度かけてゆっくりと組織統合を進める案を主張した【注：失敗原因4.結果責任意識の欠如】。

　F社による買収後1年も経たないある日、Q社社長は「これまでありがとう。皆さんお元気で」と言って、突然会社を辞めてしまった。後日談によると、プロ経営者であるQ社社長は、自分に対して業績目標達成を強く求めてこず、自ら提案した業績改善策に消極的であった親会社に失望したようである。

早期統合を余儀なくされ、貴重な人材を失う

　その後、Q社社長のポジションは、F社に対して「穏健派」の経営幹部が引き継いだ。しかし、統合新会社の成果を急ぐQ社経営幹部の声が大きくなり、F社は、自社の想定よりも早く、海外主要拠点の統合に着手せざるを得なくなった。

F社の海外拠点の幹部は、もともと本社に協力的で温厚なメンバーが多かった。一方、Q社の主要拠点では、現地で競合企業との激しい競争に直面し、目標達成志向の強いアグレッシブな幹部メンバーが多かった。そのため統合の議論の過程で、両社の拠点幹部間の軋轢は高まっていった。海外拠点の統合について、事前に具体的なプランを用意していなかったF社本社は、自社の現地拠点への対応が後手に回ってしまった。

その結果、拠点統合方針は「声の大きい」Q社側の幹部メンバーの意見が優先され、主要ポストはQ社の出身者が占めることとなった。F社は親会社でありながら、自らの海外拠点の立ち上げ時から尽力してくれた「同志」たちの多くを失うこととなった。

（3）| 事例7 | 「本業の安定」を想定し、現地に経営を任せ、環境変化への対応が後手に回ったG社

「当社はPMIが苦手である。業績の安定した会社を買収して、何事もないことを祈る」。企業のM&A担当者からこのような「本音」を聞くことがある。しかし、「事業は生き物」である以上、急激な環境変化等によりM&A担当者の当初想定が崩れることもあり得る。

「任せる経営」のスタート

G社（製造業）は、米国・欧州市場において新たな販売チャネルを獲得するために、現地で相応のプレゼンスを有するR社を買収した。

G社の海外営業部隊は、現地におけるR社製品固有の市場・チャネル特性を熟知していなかった。また、R社の事業は当面安定的に推移すると見込まれていたことから、G社社長の方針により、買収後の経営は買収前から留任したR社社

長に「任せる」こととし、当初、日本側の事業担当組織を設置しなかった【注：失敗原因4.結果責任意識の欠如】。その後、翌期の組織改正に合わせ、日本側のR社事業に関わる担当組織は設置されたが、その組織のミッションは、G社の製品を現地仕様にカスタマイズし、R社の販売チャネルで販売することであった。

モニタリング不足の露呈

買収後、しばらくしてから、R社の社長より月次業績報告が、コーポレート部門の各担当役員にメールで送付されるようになったが、業績管理の担当者が明確に決まっていなかったため、G社側でR社の直近業績の状況を詳細に理解している者はいなかった【注：失敗原因4.結果責任意識の欠如】。

数か月後、R社において、大口販売先への売掛金の未回収が発生した。突然の出来事に、G社経営陣は愕然とした。

上記の出来事が判明し、G社ではR社の経営管理体制について大幅な見直しを余儀なくされた。日本側の担当組織に経営管理の責任を付加し、R社の事業の立て直しに多大なリソースと時間を費やすことになった。

（4）失敗原因4. 結果責任意識の欠如／
失敗原因5.「有事性」の理解不足

本章で言う「経営者」とは、社長や事業の担当役員のことを指す。多忙な経営者が、一つ一つのM&A案件に関わる時間を捻出することは至難の業である。海外M&Aの経験が豊富な、ある東証一部上場企業の元経営者によると、日本企業から「うちの社長にどうしたらM&A案件に時間を割いてもらえるでしょうか」という相談が多いとのこと。

まず、E社によるP社の買収は、E社にとっては初の大型買収であった。しかし、E社の社長は、P社の経営陣とのPMIに関わる議論への参加に消極的であった。さらに、E社

の社長はPMIのプロジェクトチームの解散を指示してしまった。その結果、P社とのシナジー実現が遅れ、グループへの新たな利益貢献が実現していないことから見るに、E社の社長に「4.結果責任意識の欠如」および「5.「有事性」の理解不足」があったことは否めない。

　次に、F社による海外Q社の買収においては、F社は通常の経営会議と同様に、ボトムアップで統合方針を審議し、F社の経営者はコメントを述べる程度の限定的な関与であったことから、社内では「5.「有事性」の理解不足」があった。また、F社は統合を急ぐQ社社長の主張を受け入れず、「ゆっくりと」組織統合を進める案を主張したことから、「4.結果責任意識の欠如」もあった。

　また、G社によるR社の買収においては、親会社側の明確な事業および業績管理責任者を配置しなかった点で「4.結果責任意識の欠如」が見られる。

　日本では、「PMIは経営者（社長、事業部担当役員などの経営幹部）が関与すべき」という認識は企業において十分に浸透されているとは言い難い。なぜこのように「経営者の関心の低さ」が起こるのか。背景としては、①（そもそも）「M&Aは買って終わり」と考える経営者が存在することと、②経営者の自己の役割に対する認識不足、そしてその根底には、日本企業における③「企業価値経営」意識、言い換えれば、「結果責任意識」の浸透不足がある。

①「M&Aは買って終わりである」という考え方

　経営者自身が単なるグループの規模の拡大を目的としてM&Aを行っている場合、「経営者がM&Aの実現に満足しており、PMIに関心を払わない」という声も聞くことがある。そのような企業では、M&Aのディール成立直後、担当していた部長が役員に昇進するということも起こる。

　さらに、E社の事例のように、経営者自ら「当社はPMIが苦手であるので、PMIはゆっくりで良い。相手企業に経営を任せればよい」と部下に指示を出すこともある。確か

に、「余計なことをして相手企業の事業を混乱させ、企業価値を毀損させるよりは何もしない方が良い」という主張は、経営者がPMIを苦手と感じている企業の場合、一見、社内的には説得力がある。しかし、そうであるなら、なぜその会社を買ったのか。PMIに消極的であるのなら、そもそもその会社を買うべきではない。

経営者のPMIに消極的な姿勢は部下にも伝わる

　従業員は、トップの言動を良く観察している。担当者がPMIに割かなければならない労力は並大抵のものではない。しかし、トップがPMIに関心を示さず、評価もされないのであれば、従業員が自ら粉骨砕身してPMIの成功に尽くそうとしないのも無理はない。

②経営者による自己の役割に対する認識不足

　M&Aの実行段階およびPMIの初期段階は、有事のイベントであり、日常業務のように決められたゴールに向けて、各組織間で意見調整をしながら「予定調和的に」物事が進んでいくものではない。想定外の出来事も度々起こり、意思決定の難易度も高く、かつスピード感も求められる。そのような「有事」かつ「前例が通用しない」状況においては、本来、経営者が自らプロジェクトの先頭に立ち、案件の検討、相手企業との信頼関係構築、PMIの方向性を指し示さなければならない。

M&Aは有事のイベントである

　この「有事」である意識は、M&Aの実行段階（デューデリジェンスおよび契約交渉段階）においてはプロジェクトチーム内で比較的問題なく共有される。M&Aの実行段階においては、交渉の相手方と一旦、契約締結およびクロージングの日程目標が共有されると、外部アドバイザー（M&Aアドバイザー、会計事務所、弁護士事務所等）の支援のもと、両社間での合意に向けて、目標スケジュールを遵守しようとい

う強い誘因が働くからである。

しかし、クロージング日以降は、ディール遂行を強力に推進していた外部アドバイザーが去り、いよいよ担当事業部門が中心となってPMIを遂行していかなければならない。

事業部門でPMIを担当することは、責任と実行主体の一致の観点から、当然のことである。契約締結、意思決定前のように、一刻一秒を争う状況ではなく、事業部門が自律的にスケジュールを設定し、PMIを実行していかなければならない。PMIでは、一般に100日プラン*2など、PMI初期段階における「定型的」な実務は存在するが、PMIは買収した子会社の事業経営そのものであり、連結決算プロセスの構築など、一部の作業を除き強制される手続きやスケジュールが存在するわけではない。ここからが事業部門のオーナーシップ（当事者意識）が問われる時である。

*2
100日プラン
クロージング日／新体制移行日から最初の100日間でやるべき統合タスクの計画書（Day100プラン）を指す。買収契約締結後（またはクロージング後）から、100日間をかけて策定する統合計画のことを意味する場合もある。

事業部に引き継がれた途端、有事性の意識が薄れていく

しかし、ディールチームから事業部門への円滑な移行が想定通りに進まないという話は少なくない。

事業部門では、日々の業務をこなしながら、PMIを進めていかなければならない。管理部門におけるPMIタスク、例えば、連結決算プロセスの構築、決裁権限規程の制定や各種報告ラインの設置等は、子会社ガバナンス上、必須なタスクであり、管理部門の担当者は、子会社側のフラストレーションを感じながらも、ある程度「粛々」と進めていくことができる（もちろん、子会社側に過大な負担を課さないことが大前提であるが）。

一方、事業領域のPMIのテーマは、事業のシナジーを実現するための、販売、製造、研究開発など各機能部門間の相互理解から始め、自社・子会社間の利害調整に多大なエネルギーを要し、必ずしも買収時に自社が描いた青写真通りに進むわけではない。しかも、事業部門においては、PMIに従事する人的リソースも不足していることが多い。

本来、PMIは「鉄は熱いうちに叩く」がごとく、PMI初

期段階において専属プロジェクトチームを組成し、集中的に
リソースを投入することが効果的である。即断即決しなけれ
ばならない課題も多い。しかも、買収した子会社では、経営
幹部層がさまざまな経営課題を相談してくる。その決断は、
月1回の経営会議という定常的な意思決定機関ではなく、意
思決定階層を簡素化し、経営者の強いリーダーシップのも
と、「有事」の体制で取り組んで行かなければならない。

　ところが、この「有事性」という理解が、組織内でなかな
か得られない。経営者が、「後は事業部門で何とかしてほし
い」と、通常の子会社管理と同様の感覚で考えている場合は
なおさらである。PMIにおける労力の膨大さに気づいた事
業部門は、PMI専任人材を獲得すべく組織の上層部に要望
を出しても、「今さら人は出せない。事業部門で何とかする
ように」と言われてしまう。

　このように、「PMIを事業部門で担当すること」が、
「PMIを日常業務と同様に扱う」ことと、いつの間にか同一
視されてしまう。

トップダウンでの「動機付け」がないと事業部は動けない

　経営者から、トップダウンで「PMIに特別の労力を割く
ように」と動機付けをされておらず、かつ、PMIに不慣れ
な事業部門の上司達が、まるでルーティンワークのように
PMIの課題を部下に丸投げし、ボトムアップで実務を進めさ
せようとする。ボトムアップ型の意思決定スタイルを有する
企業においては、多忙な現場マネージャーがPMIの実務も
兼務しているため、PMIの課題が日常業務の中に「紛れ込
み」、子会社マネジメントの課題解決がさらに遅れていく。
その結果、親会社側の課題解決対応の遅さに、子会社側のフ
ラストレーションも増大していく。「PMIの有事性」に対す
るトップと中間管理職の理解不足は、良い結果を生まない。

　買収の意思決定時に、PMIの専任体制の設置と必要な人
的リソースの確保について、社内のコンセンサスを得ておけ
ばよかったのだが……。「有事」の際、定常的組織から、リ

ソースを引き出せるのは経営者しかいない。経営者が自らリソース確保の采配を振るい、事業部を動機付けられるか、そこまでやらないと事業部は「安心して」PMIに集中できない。

コラム 「本件のPMIはカネを惜しまずにしっかりとやろう」

> ある中堅製薬メーカーは、持続的成長のため数百億円の資金を投じ、海外の同業メーカーを買収した。当社は堅実経営で知られ、コストを切り詰め、設備投資においても緻密な分析をもとに採算性を検討していた。「自前主義」が強く、外部のコンサルタントを起用した経験は少なかった。このたび、買収の検討を開始するにあたって、社長は役員以下、買収検討チームメンバーに対してこう言った。「当社にとって、本件は海外での初めての大型買収である。当社には、これだけの案件を遂行できる人材はいない。今回は、プロのノウハウを学ぶ授業料と思って、予算を惜しまず、一流のアドバイザーとコンサルタントを雇おう」。同社は、デューデリジェンスでは、財務、法務、IT、人事、環境のアドバイザーを、PMIにおいても大手コンサルティング会社を起用し、100日プランの策定を依頼した。これら外部専門家の支援のお陰で、買収交渉およびPMIにおける相手企業との初期的な協議は順調に進んだ。また、事業部、経理部、法務部等、各部門において、M&Aの知見が蓄積され、海外のプロジェクトを任せられる若手人材が次々と育っている。社長は、アドバイザーやコンサルタントに支払った「高い授業料」の見返りに、優秀な人材という「果実」を得た。

③「企業価値経営」を前提とした結果責任意識の不足

では、日本において、なぜ経営者のPMIに対する関心が低いと言われているのか。

その根底には、欧米企業と比較して株主資本主義が浸透しておらず、歴史的に株主・投資家による業績プレッシャーが少ないため、投資に対する適正な収益率の達成という結果責

任が求められてこなかった日本企業の経営者と株主・投資家との関係が背景にある。

上場企業でも企業価値経営の浸透は道半ば

　企業価値経営とは、「企業価値の増大を主たる目的とする経営」のことである。わが国においても、2015年、金融庁と東京証券取引所により、上場企業のコーポレートガバナンスのガイドラインとして参照すべき指針として、「コーポレートガバナンス・コード原案」が制定された。企業価値向上のためには、自社の戦略と成果について投資家との対話を行い、投資家の期待収益率（資本コスト）を上回る投資案件を採択し、継続的に投資の成果を出していくことが必要である。実際、コーポレートガバナンス・コードを受けて、上場企業では社外取締役の導入が進み、買収の意思決定時における PMI実行体制の充実や、シナジーの実現状況に関するモニタリングの強化など、社外取締役の指摘を受けて M&A・PMIの実施体制を強化している企業は増えている。

　しかし、一方で、ある著名な機関投資家のファンドマネージャーによれば、「企業価値経営を真面目に取り組んでいる企業は上場企業の1割もない」という。企業価値経営を意識して、買収企業の適切な選定を行い、厳格な評価基準のもと M&Aを実施し、PMIにおける成果のモニタリング体制を構築している企業と、これら実行体制の構築が不十分なまま M&Aを実施している企業は「二極化」している印象がある。

　なお、自らがその企業の大株主でもあるオーナー経営者が存在する企業の場合には、事業の永続性（ある意味「家の存続」でもある）の観点から、その企業に「新しい血を入れる」（新たな事業、技術、ノウハウ、人材などを獲得する）ために M&A・アライアンスを推進している企業もある。これらの企業が非上場企業である場合、所有と経営も一致しており、超長期（10年超）の視点で経営ができることから、外部出資者への短期的なリターンよりも、「組織の変革による事業の永続」が重視されていることは理解できる。

（5）解決策および実務のポイント
経営者のコミットメントを高める工夫

　買収企業側が上場企業である場合、あるいは特定株主の信任のもと事業を行っている場合、コーポレートガバナンスの観点から、経営者に対して結果責任が問われないということはあり得ない。

「M&A先進企業」では経営者のコミットメントが当たり前

　現に、「M&A先進企業」と言われる日本企業では、M&Aでは経営者自らが相手企業の経営陣と信頼関係を構築し、相手企業（子会社）の業績に対しても自らの目でモニタリングを行っている。PMIを担当する事業部門や買収された子会社の経営陣としては、親会社の経営者が「目を光らせている」ところで自己規律が働き、PMIの成功に向けて邁進するのは当然のことである。また、PMIの進捗状況と成果について、経営者が自ら投資家や外部のステークホルダーに向けて情報発信を行っている（図表5-1）。

図表5-1 **M&Aの実行段階およびPMIにおける経営者の役割**

経営者は、トップ間の信頼関係の構築、M&A・PMI方針の示達およびステークホルダーとのコミュニケーションなどにおいてリーダーシップを発揮することを期待される

買収先トップとの信頼関係の構築

・イニシャルコンタクト、マネジメントプレゼンテーション等における自社に関わるプレゼンテーション
・買収交渉への参加
・親会社の戦略・ビジョンの共有
・買収先トップ・経営陣の人の見極め（フォーマル・インフォーマルな関係を通じて）
・買収先トップのボスとしての「目付け役」および相談相手
・買収先トップの説得
・買収先従業員へのメッセージ発信

買収・PMI方針の方向性を示す

・買収の意思決定・経営資源の投入判断
・PMI方針の示達・助言
・組織間のコンフリクト調整

ステークホルダーとのコミュニケーション

・顧客・仕入先等、重要ステークホルダーとのコミュニケーション
・株主・投資家への情報発信（戦略説明、PMIの経過報告など）

"リーダーには、「信頼、尊重、共感」というコンピテンシーが求められている"
——グローバル企業の経営幹部

　さらに、相手企業の経営陣は、親会社のトップ・経営陣が何を考えているかについて高い関心を持っている。特に、海外の異文化企業の買収において、日本的な「話せばわかる」「阿吽の呼吸」といった暗黙知によるコミュニケーションは成立しない。現地の経営者および従業員は、親会社からの明確な方針の発信を期待している。その方針発信の役割を日本側の経営者が担い、子会社に対する尊重心と高い関心を表明しつつ、自社の戦略、ビジョンおよび経営方針の発信をしていくことは、親会社の求心力を高め、子会社に対するガバナンスの「グリップ」を握り、効果的にPMIを進めるためにも大変有効である。

　経営者は多忙であるが、忙しさを理由とせず、ステークホルダーに対する結果責任を果たすため、どこまでM&Aプロジェクトに費やす時間を割けるかが、M&Aの目的の実現に大きな影響を与えると考えられる。

　とはいえ、経営者の時間的制約に加え、「当社の経営者はM&Aの案件推進や相手企業との関係構築においてリーダーシップを取りたがらない」という声も聞かれる。ボトムアップ型の意思決定スタイルが根付いた多くの日本企業にとっては、これはやむを得ない状況である。このような状況では、部下たちがトップにリーダーシップを発揮してもらうよう、「お膳立て」をするしかない。経営者のコミットメントを高めるための唯一無二の改善策は存在しないが、著者の経験上、効果的であった方策として、以下の3つのアプローチを紹介したい。

> ①経営者の「顔が見える演出」を行う
> ②経営者の強力なサポート役を起用する
> ③ガバナンスでは遠慮しない

①経営者の「顔が見える演出」を行う

　前述の通り、買収した子会社の経営陣と従業員は、自分た

ちの究極のボス（上司）は誰であるか、そのボスはどのような考えを持っているかについて関心を持っている。そして、親会社の方針が明確に示されない場合、それは子会社の経営陣および従業員から見れば、「自分たちへの無関心」と映り、引いては、親会社への失望に繋がる。

そのような事態を避けるため、買収企業・親会社側のプロジェクトメンバーは、被買収企業・子会社側から「経営者の顔が見える」よう、努めて経営者の出番を作る必要がある。

例えば、M&Aの対外公表時や「Day1」における従業員説明会等の場において、経営者が自ら子会社に出向き（フェース・トゥ・フェースの方法）、または映像コンテンツやイントラネットを用いる等の間接的な方法により、自らの言葉で子会社の経営陣や従業員に対してメッセージを発信することは効果的である。

その際、相手先が海外子会社の場合であっても、経営者は、必ずしも英語ないしは現地語で話す必要はないと考える。むしろ、通訳付きであっても、日本語で「熱く」経営方針を語ることにより、日本側の経営者がいかに子会社のグループ入りを歓迎し、その経営陣と従業員を尊重しているか、その言葉や想いというものは国境を越えて「以心伝心」するからである。「M&A先進企業」と言われるある日本企業の経営者は、買収完了後、海外の被買収企業を訪問する際に、日本語でスピーチをすることで有名である。その経営者の実績に裏付けられた、自信に満ちた言葉と風格が、異文化の経営陣・従業員の士気を鼓舞する。

なお、子会社の経営陣と従業員は、「ボスが誰か」に関心を持つと述べたが、関心を示すことが直ちに「親会社の言うことを聞いてくれる」ということを意味しない。実際には、買収された子会社側が「自主独立経営」を主張し、親会社の「干渉」を忌避する場合もある。

これには、買収契約の交渉時や、Day1前の被買収企業のトップとの交渉において、買収後、子会社トップにどこまで権限を認めるか、十分な相互理解ができぬまま新体制をスタ

ートさせることにも一因がある。子会社のガバナンスの巧拙
は、究極は親会社側と子会社側の経営陣同士、いかに円滑に
信頼関係を構築できるかにかかっており、もちろん一筋縄に
はいかない。

> **コラム** 上場企業の事業担当役員Sさんの取った「融和術」とは
>
> 　Sさんは、上場するメーカーの役員である。Sさんの所属
> する事業部門では、初めての海外M&Aを実施した。Day1
> 直後、Sさんは被買収企業（子会社）の本社を訪問し、全従
> 業員の集まる「タウンホールミーティング」で、親会社を代
> 表してスピーチをすることになった。その子会社ではこれま
> で日本企業との取引は殆どなく、生で日本人を初めて見る人
> たちも多くいた。Sさんは英語によるスピーチが得意ではな
> いため、Sさんの部下たちは、上司のために丁寧に原稿を用
> 意した。
>
> 　いよいよタウンホールミーティングの当日、檀上に上がっ
> たSさんが、子会社のメンバーに対し発した言葉は、「皆で
> 売上を伸ばし、ボーナスを増やそう」というメッセージであ
> った。最初は緊張していた会場の参加者も、Sさんの唐突な
> メッセージを聞き、会場は爆笑の渦となった。その日以降、
> 子会社の経営幹部たちは、「Sさん」と親しみを込めて呼び、
> 頻繁に来日して事業の相談をするようになった。

②経営者の強力なサポート役を起用する

　経営者が買収した子会社のPMIにおいて、リーダーシッ
プを発揮することが難しい場合、経営者の委任を受けた幹部
が経営者の役割を「代行する」という方法も考えられる。具
体的には、例えば、以下の方法がある。

ⅰ. 経営者の腹心の部下をナンバー2として送り込む
ⅱ. 異文化コミュニケーションが得意な人物を
　子会社社長の上司とする
ⅲ. 社外取締役による牽制機能を利用する
ⅳ. 強力な実務責任者を任命する

ⅰ.経営者の腹心の部下をナンバー2として送り込む

　日本企業が欧米の企業を買収した場合、日本側の事業担当役員や日本から派遣された幹部が、現地企業の「会長」を務めるケースがよくある。この「会長」のポジションは、一般に子会社の経営会議の議長などを務め、ガバナンス機能を発揮されることが期待されている。

　ある製造業では、初めて買収した欧州の企業において、日本から派遣された会長がリーダーシップを発揮し、収益性が低迷していた現地の事業の黒字化に成功した。しかし、このようなケースは比較的稀である。どちらかと言うと、「会長」のポジションが事実上の「名誉職」となり、会長が事業の現況を把握していないというケースも聞かれる。

　なぜ、こうなるのか。その理由は、現地に派遣された日本人経営幹部のミッションが不明確であり、事業運営上の権限を付与されていないからである。

　これに対して、比較的有効に働いていると思われる方法は、現地の経営は生え抜き社長に任せるが、ナンバー2を送り込むという方法である。

　例えば、ある製造業では、買収した海外の中核子会社の歴代の副社長として、本社執行役員クラスのメンバーを送り込んでいる。そして海外子会社のCEO（最高経営責任者）は、あくまでも生え抜きのメンバーに任せている。親会社から派遣された副社長は、現地の事業運営活動においてCEOを補佐するとともに、一定の決裁権限を有し、親会社とのパイプ役も務めている。

　ここで、親会社から派遣された経営幹部は、「お飾り」的

ポジションではなく、実際に事業運営に深く関与できるだけの権限を有していることがポイントである。この子会社の副社長は、本社に帰任後、上級の役員に昇進し、今度は、海外子会社のCEOから報告を受ける立場になる。この会社では、スタッフ、マネージャー、執行役員・部長クラスの各ポジションにおいて、多層的に現地と人事交流をする仕組みを構築している。

しかし、現地への役員派遣は、日本側の親会社の要求事項がその通り子会社で受け入れられるわけではない。現地子会社側から経営の自立性を主張され、親会社からの役員派遣人数を絞る、または、常駐の役員派遣そのものを拒絶する要求を受けることがある。このような場合、日本側から「リモート」な方法で、ガバナンスをするしかない。

ある製造業では、海外大型M&A後のPMIにおいては、社長の「側近」かつ「ナンバー2」の副社長がPMIリーダーに任命され、PMIの陣頭指揮を執っている。この副社長が、子会社の社長のカウンターパート（相手役）となり、親会社側のビジョン・経営方針の浸透、事業戦略、投資、人事など各種経営事項の相談への対応、PMIの進捗の確認などを行っている。

ii. 異文化コミュニケーションが得意な人物を
子会社社長の上司とする

日本企業の経営者がPMIにコミットしにくい背景は、前述の通り、究極的には「結果責任意識の欠如」である。しかし、結果責任の必要性は理解していても、海外企業とのマネジメント経験がない経営者の場合、PMIに苦手意識を感じてしまうのも無理はない。そのような場合、海外勤務経験を有する日本人や、中途採用または買収により自社グループの経営に参画した外国人の経営幹部を子会社社長の報告先（レポートライン、直接の上司）とするという方法も考えられる。

ある上場メーカーでは、初めての海外大型買収において、外国人の海外担当役員（外資系企業の日本法人での勤務経験

あり）が、M&Aの交渉とPMIをリードした。その後、その外国人役員が、買収した子会社社長の直接の上司となっている。外国人役員が買収時から、子会社となる社長とフェース・トゥ・フェースで、事業戦略、シナジー、経営者報酬の協議を進めたことで、Day1から円滑な新体制のスタートを切ることができた。現在、その会社では、買収時に両社で議論したシナジー施策をほぼ計画通りに着実に実行している。

コラム 上場企業の海外事業担当役員に復帰したTさん

> Tさんは、ある大企業の海外事業担当役員として、海外のM&A案件の推進をリードしてきた。また、海外子会社を含む海外事業の戦略会議体である「グローバルエグゼクティブコミッティー」のリーダーとして、買収した海外子会社トップの事業運営の相談に乗り、信頼関係を築いていた。
>
> Tさんは、役員を退任し、その会社の顧問となったが、引き続き、Tさんのもとには海外子会社のトップから事業の相談が相次いだ。海外子会社のトップは、「本社には気楽に相談できる幹部がいなくなってしまった」と嘆き、Tさんの現場復帰を望む声は、やがて、本社の社長の耳にも届くようになった。この会社では、海外事業を率いる人材が不足していることが課題となっており、Tさんの海外担当役員への復帰が決まった。一度退任した役員が復帰することは、その会社では異例中の異例なことであった。海外のエグゼクティブと良好な関係を構築する秘訣を聞かれたTさんは、「それは愛だね」と嬉しそうに語っていた。

iii. 社外取締役による牽制機能を利用する

経営者は、買収した子会社のPMIにコミットするだけでなく、その子会社の事業のモニタリングのためリーダーシップを期待することが期待されている。そのため、社外取締役の意見を積極的に取り入れ、社内では気づかない視点から、有益な助言をもらうこともできる。

上場企業においては、社外取締役の活用が進むにつれ、

図表5-2 社外取締役に期待される役割

1. 社外取締役に求められる役割について理解・共有できているか
2. 成長のために必要なリスクテイクの後押しも行っているか
3. 自らに情報が集まるようになっているか
4. 自社の戦略・ビジョンとM&Aの位置付け・整合性は明確か
5. 想定外のリスクやその対応シナリオの検討は十分か
6. 価格算定の妥当性を確認しているか
7. 統合に向け、行動とモニタリングを機動的・継続的に行っているか
8. 買収先のリスクマネジメントができているか
9. 過去の経験を振り返り将来への教訓につなげることができているか

出所:「海外M&Aを経営に活用する9つの行動(別冊編)」(経済産業省/2019年6月)

M&Aの意思決定時およびPMIの継続的なモニタリングにおける社外取締役に対する期待も高まっている。M&Aを積極的に実施している企業ほど、M&Aやグローバル経営の経験が豊富な社外取締役を招聘して積極的に助言を仰ぎ、企業の自己牽制機能が進化している。

　例えば、日本たばこ産業で豊富な海外M&A経験を有し、副社長を務めた新貝康司氏は、アサヒグループホールディングス、第一生命保険、三菱UFJフィナンシャル・グループ、リクルートホールディングス（2018年まで）の社外取締役を務めている。

　M&Aにおいて社外取締役が果たす役割は、「アクセルとブレーキ」で言うと、主として「ブレーキ」役、つまりM&A案件の監督・モニタリング機能である。加えて、社外取締役には、「成長のためのリスクテイクの後押し役」も期待されている（図表5-2を参照）。

　著者の関わった事例においても、海外企業の買収およびPMIにおいて、社外取締役の意見を取り入れ、買収時に検討したシナジーの実現状況を定期的に取締役会に報告し、買収後の子会社のモニタリング機能を強化している。

ⅳ．強力な実務責任者を任命する

　親会社ではボトムアップ型の意思決定方式が常であり、強いリーダーシップを発揮できる経営幹部が存在せず、かつ、経営者と各組織の部門リーダーに「M&Aは有事」であるという意識が希薄である場合、PMIの推進は困難を極める。加えて、子会社側がトップダウン式の意思決定スタイルを有する場合、親会社の意思決定スピードの遅さに、子会社の経営陣・従業員のフラストレーションは極限に達することもある。

　もし「トップダウン」が機能しないなら、答えは「ボトム・ミドルアップでトップに動いてもらう」しかない。

　図表5－3をご覧頂きたい。子会社がトップダウンの経営スタイルであり、親会社がボトムアップの経営スタイルの例である。子会社のトップマネジメントは、親会社のトップマネジメントに自社の経営方針を直接相談してくる。その際、子会社側は、親会社から即座に、または短期間で親会社の方針を伝えられることを期待している。しかし、親会社のトップマネジメントが回答を持ち合わせていない場合、部下が回答を考えるしかない。

[図表5-3] **ボトムアップ組織におけるプロジェクト事務局のあり方**

もし「トップダウン」が機能しないなら、「ボトム・ミドルアップ」しかない

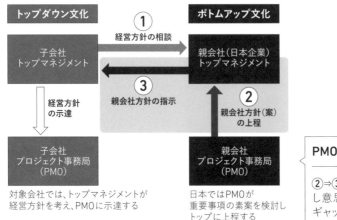

　部下であるPMIのプロジェクト事務局（PMO：プロジェクトマネジメントオフィス）メンバーは、トップマネジメントが子会社側に回答する親会社方針案を迅速に検討し、その内容をトップマネジメントに諮り、了解が取れれば、その方針を子会社側に示す。このボトムアップのプロセスを「高速回転」させることにより、親子会社間の信頼関係を築いていく。これは経営幹部のリーダーシップが不足する場合の苦肉の策であるが、プロジェクト事務局のリーダーに「強力な」実務責任者を任命できれば、実現の可能性がある。外部コンサルタントの力を借りることもできる。最後は「一人の侍」の奮闘が、PMIの難局を救う。

　なお、この実務責任者は、第3章（p.60 ～ 61）で述べた通り、意思決定権限を有する経営者の後ろ盾があることを前提として、全体最適思考でPMI計画を検討でき、部門間の利害調整ができることが条件である。PMIにおいては、シナジーの実現に向けて、社内各部門のさまざまな利害調整が必要となり、部門の壁を乗り越えて答えを出せる人材が必要だからである。

コラム　部長が働こう

　トップのリーダーシップが発揮されにくい組織において、PMIを効果的に進めるためには、経営幹部またはそれに近いポジションのメンバーが経営者の機能を補完するしかない。しかし、M&Aに不慣れな組織の場合、「M&Aの有事性」について経営幹部や中間管理職が理解しておらず、すべてのPMIの方針作りは実務担当者にやらせ、自らはチェック役に回るということが起こる。著者自身も、本来、相手企業との協議において、自ら議論をリードすべき部長職が、会議の場で部下に突っ込みを入れるというシーンを何度も目撃したことがある。ルーティンワークであれば、通常の組織の縦割りの中で、各職能部門の担当者が上長に方針伺いを立て、上長はチェック役に徹することができる。しかし、M&A・PMIの現場では、組織の縦割りを乗り越えて、迅速に方針を出

し、経営層や他の組織と調整を図れる人材が必要である。

その役割を果たせるのは誰か。それは部長しかいない。部長は現場担当者と比較して、より中長期的な戦略立案や非定型業務に時間を割くことができ、組織を代表して他の組織長と折衝することができる立場にある。部長が自ら考え、手も動かすことで、M&A・PMIの現場は難局を切り抜けることができる（図表5-4）。実際に、「M&Aの功者」と言われる日本企業では、部長がとにかく良く働く。

[図表5-4] **実務責任者として適任な人材とは**

「経営者のコミットメント不足」と「組織の縦割り」という2つの壁を乗り越える定石は存在しない。結局、部長が「一肌脱いで」働くしかない

「スーパー部長」ってどんな人?

❶ 課長よりは**有事の非定型業務に時間を費やせる**人（手を動かさないチェック役はNG）

❷ トップが考えるM&A・PMI方針について**経営視点で答えを出せる**人

❸ 膨大なタスクの**優先順位づけ**ができ（やるべきこと、やらなくていいことの区別がつく）、日々の実務面の意思決定ができる人【例：デューデリジェンスの調査項目の絞り込み、子会社に社内ルールをどこまで厳密に適用するか・例外を許容するかの判断】

❹ まだ決まっていないことについても**仮説思考で方針案が考えられる**人

❺ 各ワーキングチームのボトルネックとなる課題に対し、**仮説でソリューションが出せる**人（仮説に対して積み上げ思考の人達に批判されても、くじけない精神力も必要）

---

③ガバナンスでは遠慮しない

経営者が買収後の子会社マネジメントをリードする際に最も発揮すべき基本精神は、「ガバナンスでは遠慮しない」ということである。従来、日本企業は、子会社との関係が悪化することを怖れ、買収した子会社の社長に経営を「任せる」ことを常としてきた。この「任せる」という言葉は、「自由放任」という意味に置き換わってしまっている場合もある。

　本来、「任せる」とは、親会社の責任・権限および子会社
側の責任・権限を明確にした上で成り立つ関係である。資本
の論理で言えば、親会社は、資本提供者（株主・投資家およ
び金融機関など）より調達した資本を運用し、資本提供者の
期待する収益率を実現する責任がある。また、子会社は、株
主である親会社の期待する収益率を実現する役割がある。

　資本の論理で考えれば、親会社は、買収時の投資期待収益
率を実現するために、子会社の経営成果を正々堂々と求める
ことができる。これは株主として当然の権利であり、遠慮は
不要である。しかし、単に親会社であるだけで、子会社への
発言権は強くならず、もう一つ取得すべき権限がある。それ
は、子会社社長および役員に関わる人事権である。

　サントリーホールディングス（以下、「サントリー」）は、
2014年5月、米国の蒸留酒メーカーのビーム社を買収した。
ビームは、サントリーよりも100年以上歴史が長く、サント
リーは当初、ビームの経営陣に遠慮をしていた。しかし、
2014年10月にサントリーの社長に就任した新浪剛史氏（以
下、「新浪社長」）は、ビームに報酬・人事委員会を設置し、
自らが委員長に就任することにより同社の役員の人事権の掌
握から開始した。新浪社長によれば、当初、サントリーによ
るガバナンス強化にビーム経営陣からの抵抗があったが、最
後は「資本の論理」で押し切ったとのことである[3]。このよ
うに誰がボスかを明確にすることは、ガバナンス上、極めて
重要である。サントリーは、「強権発動」だけでなく、ビー
ムの現場を尊重することを忘れておらず、次々と両社の共同
開発製品の発売を実現している。

　海外企業に対するガバナンスのグリップの利かせ方につい
ては、下記図表5−5を参照頂きたい。

[3]
日経ビジネス 2019年11月25日号「サントリーホールディングス 買収後を制する3つの改革」

海外企業に対するガバナンスのグリップの利かせ方

ガバナンスに遠慮はいらない。但し、アプローチは剛柔(ハード・ソフト)合わせて

❶ **株主として「規律」は正々堂々と主張しても構わない**
　　・最終意思決定権限は本社にある
　　・但し、自社流の非合理な価値観の押し付けはご法度
　　・遠慮は無用。規律が緩いのも、「無関心」に映る

❷ **ボスは誰であるか明確にする**
　　・日本側は人事権を握っている
　　・ボスの顔を見せることが重要

❸ **鉄は熱いうちに……**
　　・Day1時点で、「権限」「責任」「報酬」の3点セットを握る
　　・後になって権限規程の見直しは不可能

❹ **ハードとソフトの両面でグリップを握る**
　　・ハード(権限規程、社内規程・ポリシー、内部監査、
　　　リスク情報の報告、業績レビュー、事業計画策定など)
　　・ソフト(理念・ビジョン、人材交流など)

> " ビーム社の取締役に就任し、
> 　　　　　取締役会に参加 "
> " まず、人事権を掌握した。
> 　人事委員会を立ち上げ、
> 　人事権はサントリーが
> 　　持つことを明確にした "
> ——サントリーホールディングス株式会社
> 　　代表取締役社長　新浪 剛史氏

出所：日経ビジネス(2019年11月25日号)を
　　　もとに著者作成

6

「うちのやり方が
優れている」
〜失いがちな相手への尊重心

企業文化とは、「社内での支配的な価値観」のこと。
自社の価値観を相手に押し付け、
自社流のマネジメントスタイルを相手企業に適用することが、
文化摩擦が生じる起因となる。
相手への尊重心の不足がもとで、相手からの反発心を生むことになる。

日本企業と海外企業の統合においては、
戦略実行の時間軸、ものづくりへのこだわり、人材に対する考え方、
組織運営ルール、コミュニケーションスタイル等において、
文化の相違が顕在化しやすい。
これらをあらかじめ知っておくことが、文化摩擦を抑える第一歩である。

企業文化の融和のための基本的な心構えは、
①自社のアイデンティティを明確に持つこと、
②相手の企業文化を学ぶことに関心を払うこと、
③互いに尊重心を持ち、文化の壁を乗り越えることである。

文化の壁を乗り越えるためには、
統合当事会社間で、「違いを認識し、異なる価値観を尊重すること」
「相手の目先の不安を解消すること」「実際に目で見て、体験してもらうこと」
「互いに「自己開示」をすること」が必要である。

スタートアップ企業との共創機会が増え、日本企業もいよいよ
異なる企業文化への感度を高めざるを得ない時が来ている。
スタートアップ企業とは、大企業の意識を捨て
「共同創造のパートナー」として接することが必要である。
その際には、自社視点での伝統的なルールや価値判断基準を変えられるか、
PMIの成否は企業の自己改革能力にかかっている。

日本人ビジネスマンが伝統的に持つ、
詳細な事実をもとに、積み上げで考える思考の癖は、
仮説思考・ゴールからの逆算思考で考える海外の経営者の思考とは異なる。
「経営者思考」を身につけることは、企業文化の融和を促進し、
PMIの結果を出していくための一助となる。

　M&Aの経験が豊富な欧米企業においては、「自社と買収対象企業の企業文化が融和できる可能性」が、意思決定の重要な判断基準となっている（M&A案件の評価基準については、第4章p.108 ～ 109を参照）。仮に、自社の事業戦略に合致していても、企業文化の融和が困難な企業との統合はリスクが高すぎるという「経験知」（経験に基づく知識・知恵の集積）があるからである。これら欧米企業は、海外企業の買収における失敗経験を教訓とし、デューデリジェンスにおいて相手企業の文化の評価を実施し、経営者が自ら相手企業とのコミュニケーションに関与するなど、企業文化の融和はPMIの最重要課題として取り組んできた。

　また、近年では、中国企業も技術の流出や従業員の権利を軽視すること等に関する国際的な批判の高まりを受けて、過去の失敗から教訓し、相手企業を尊重したPMIのアプローチを取っている。

　一方、日本企業では、海外企業の買収を経験している一部の企業を除き、デューデリジェンスの段階から企業文化の相違に細心の注意を払っている企業は少ない。

　本章では、「7つの悪しき種」のうち、「6.「自己流」マネジメント方式の踏襲」および「7.経営者的思考の弱さ」が原因となり、相手企業との文化摩擦が生じ、M&Aの失敗に繋がった事例を紹介したい。

（1）　事例8　相手企業の経営陣とシナジーの合意をせずに統合実務作業に入ろうとしたH社

　H社（製造業）は、海外の新規市場への進出のため、欧州のU社を買収した。H社にとって、海外企業の買収は初めての経験であった。

　H社が考える本買収によるシナジーは、H社の新製品をU社の所在国のマーケットで販売することであった。株式譲

渡契約交渉の過程において、H社は、U社経営陣に対して新製品発売のアイデアを説明した。その際、U社の経営陣からは、「良いアイデアだ。ぜひ一緒に協力していきましょう」という反応をもらった。

販売戦略について「合意済み」であるというボタンの掛け違え

　株式譲渡契約締結とクロージングまでの慌ただしさの余韻も残る中、U社の経営幹部とH社のプロジェクトメンバーの間でPMIのキックオフミーティングが開催された。

　PMIのキックオフミーティングの際、H社は連結決算のプロセス構築、権限責任規程など、導入すべき管理系プロセス・制度の説明を行った。しかし、これまでオーナー経営者のもと、自主独立経営を行ってきたU社の経営陣の反応は芳しくなかった。「U社のリソースは限られており、H社のペースでPMIを進めるのは性急すぎる」というコメントであった。H社は、U社幹部の話をよく聞いてみると、「H社の販売戦略について具体的な説明を受けておらず、H社の戦略がわからない。いつからどのような製品を販売するのか、明らかにしてほしい」というのがリクエストであった。

　H社幹部にとって、この反応は寝耳に水であった。H社は、何度か販売戦略を説明しているつもりであったが、U社にとって見れば、売上目標も提示されず、販売製品のイメージもわからず、「H社の販売戦略を具体的に聞きたい」というシンプルな要望であった。H社が具体的な販売製品まで言及できなかったのは、H社の設計部門からその地域で販売する製品の詳細な仕様と製品のモデル番号が固まらないと、製品開発計画が策定できないという事情があった。H社のプロジェクトメンバーは、設計部門に詳細な仕様を固めてもらった後、投入する製品を決め、市場調査の後、具体的な販売戦略と計画を立案するつもりであった。

　U社幹部はH社の内部事情を聞き、「仕様が確定しないと販売製品のモデル番号が決まらないのは承知である。U社幹部にとって、H社の詳細な製品の仕様は現時点では興味の

対象外である。実現可能性の詳細はともかくとして、H社
の戦略の大きな方向性を聞きたかった」というU社のニー
ズに気づいたH社は、U社に対して、現時点で想定される
製品タイプを複数提示したことで、U社幹部は一先ず安心し
た。

設計部門の意見を優先し、製品開発が遅れる

　しかし、H社の設計部門は、国内および海外の別地域向
け製品の開発で手一杯であり、海外新規市場向けの製品開発
にリソースを振り向ける余裕がなかった。H社のPMIプロ
ジェクトチームは、設計部門に開発の優先順位を変えさせる
ことができず、U社所在国での新製品発売のスケジュールは
大幅に遅れることになった。

　H社のように、「詳細な情報を収集しないと、相手に戦略
や方針を伝えられない」【注：失敗原因7.経営者的思考の弱
さ】という日本企業は多い。しかし、相手企業の経営陣は、
それよりも日本企業がどうしたいのか、仮説でもいいから
「アンビション（想い）」を求めていたに過ぎない。PMIでは、
まずトップマネジメントどうしで、新会社のビジョン、戦
略、ゴールを共有してから、実務に入ることが有益である。
　その理由は、その方が夢があるからである。日本企業はと
かくプロセス重視で、ゴールや目的を明確にせず、詳細な情
報を集めようとする傾向にあるが、このアプローチは相手企
業の経営陣にとってフラストレーションを生む【注：失敗原
因6.「自己流」マネジメント方式の踏襲】。トップダウン型
の経営スタイルを有する企業とは、まず大きな方向性を握っ
てから、実務に入らなければならない。

（2）
事例
9　「勢力争い」の間に
ビジネスを毀損させてしまった
I社とJ社

「対等の精神」で協議を開始したばかりに、両社の関係は最悪に

　I社（製造業）は、ある成長領域の事業を競合他社のJ社の事業部門と統合することになった。J社はその事業の将来の有望な用途領域で既に世界トップクラスのシェアを有し、I社とライバル関係にあったが、統合時点ではJ社の技術の方が「一日の長」があり、優良顧客も多く抱えていた。

　統合新会社の出資比率は、I社が過半数を取得することとなった。資本関係においてはI社グループの会社であるが、「対等の精神」に基づき、事業運営の方法についてはJ社のやり方を尊重することが両社間で合意された。従って、統合委員会もI社・J社の双方の事業の責任者がリーダーを務める「ツートップ体制」で当初スタートした。

　統合委員会の第一回会合で、両社間で新会社の事業戦略の議論が始まった。しかし両社の間で、対象製品の有望な用途領域、将来の製品ポートフォリオ、新領域の立ち上がり年度について見解の相違が顕在化し、議論は白熱した。そして議論は、両社間での開発プロセスの進め方、製造工法、品質管理方針、重点顧客の選択、子会社管理の思想、人事評価基準など、経営思想から業務方針レベルで、各種のやりかたを主張することに終始した【注：失敗原因6.「自己流」マネジメント方式の踏襲】。両社が互いに「うちのやり方が良い」と一歩も譲らず、両社の関係は「泥沼化」していった。

議論に時間を要する合間に、競合のシェア拡大を許す結果に

　統合委員会は、議論には1年の時間を要した。当時、新会社の事業分野は、グローバルでも競争が激化している分野であり、競合企業も虎視眈々とシェア挽回のチャンスを狙っていた。

　「議論の船頭が多すぎる」ことを反省したI社側は、「資本の論理」を持ち出し、プロジェクトリーダーをI社のメンバーに一本化することをJ社に提案し、J社は最終的に渋々と了解した。その後、新たな組織や人事も発表された。新会社も発足し、事業運営方法は徐々にI社の色に染まっていった。

　両社の議論が進展を見せぬ間にJ社出身の古参の技術者が競合企業に引き抜かれるなど、I社は重要な人材を失うだけでなく、競合企業のシェア拡大を許す結果となってしまった。

（3）事例10　PMIの「初期動作」を怠り、事業撤退を考えざるを得なくなったK社

規模拡大を優先し、海外企業を買収

　K社（製造業）は、海外の非日系顧客の取引を拡大するため、欧州のV社を買収した。V社の売却案件は、外資系の投資銀行から持ち込まれたものであった。V社の製品は、長年、高いシェアを維持してきたが、新興国メーカーによる低価格品の攻勢を受け、徐々に市場シェアは低下し、V社の収益性は低下傾向にあった。この状況に対し、V社は新製品の開発を活発化させたが、黒字化したプロジェクトは1件もなかった。このような状況で、K社社内ではV社の買収に対して否定的な意見もあったが、対象事業の拡大を中期戦略に掲げていたK社の担当役員は案件を前に進めた。

日本側は買収先の「自主独立経営」を許容

　買収契約交渉において、V社の創業者である会長は、K社に対して、「自主独立経営」を維持することを主張した。V社を欲しかったK社の担当役員はV社会長の主張を受け入れ、「自主独立経営の精神」は、両社間の基本合意書の中に

149

明文化された。買収後、K社は、V社の社名を残し、経営陣を続投させ、K社のグループポリシーを導入せず、V社に「自主独立経営」を踏襲させた。K社では、V社とのPMI実施にあたり、日本側に明確な責任者は配置せず、各事業部門が個別に自部門の達成したいシナジーをV社と協議していた。

買収先の業績悪化を契機に、子会社を放置していたことが露呈

買収から数年経過後、V社の業績は低迷し、当初実現したシナジーはV社の製品仕様がK社顧客の要求水準を満たしていない等の事情により、一つも実現していなかった。このような事態を重く見たK社の事業担当役員は、V社の業績とPMIの進捗状況についてレビューを行った。

レビューの結果、決裁権限規程など、K社グループポリシーに則った規程の導入、経営者の業績評価・報酬制度など、PMI当初に行うべき「初期動作」が行われなかったことが判明した。買収当時のK社担当者は、PMI実務に不慣れで、国内子会社と同様に「阿吽の呼吸」でK社をマネジメントできると想定していた【注：失敗原因6.「自己流」マネジメント方式の踏襲】。

これらグループポリシーは、V社に経営を任せるとしても、本来、最低限のガバナンス担保のために導入しなければならなかったものである。K社の担当者は、慌てて決裁権限規程など、グループポリシーの導入をV社に申し入れたが、「自主独立経営は当時の担当役員との約束事項である。今さら何を言っているのか」と取り付く島もない状況であった。

その後も、V社の業績は回復せず、K社はV社株式の減損損失を計上するとともに、V社の株式の売却を検討するようになった。

（4）　失敗原因6. 「自己流」マネジメント方式の踏襲

　本書において、「企業文化」とは、「社内において支配的な価値観、思考・行動様式のこと」を意味する。企業文化は、経営者および従業員の日々の意識と言動、判断基準、社内規程、人材評価基準など、さまざまな習慣とルールの中に染みつき、体現されている。異文化企業とのPMIにおいて、自社の習慣とルールが、自社固有のものであることに気がつかず、あるいは気がついていても変えることができず（変えるリスクを取れず）、相手に自社の価値観を押し付けてしまう。このような自社の価値観の押し付けが、尊重心が不足した言動として相手企業に伝わり、両社間の摩擦に繋がる（図表6－1を参照）。

　まず、H社によるU社の買収では、H社のプロジェクトメンバーは、U社がトップダウン型の経営を行う企業であるのにもかかわらず、「ゴール思考」でU社の将来のあるべき戦略やシナジーを協議する重要性を理解していなかったとい

図表6-1 **企業文化とは**

企業文化とは「社内での支配的な価値観」のこと。そのまま相手に押し付けることが摩擦の原因

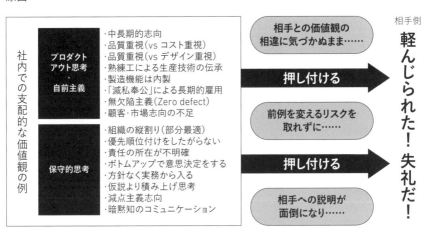

う点において、「7.経営者的思考の弱さ」があった。また、M&Aとは異なる従来の製品開発プロセスと同様、設計部門の意見をもらってから販売戦略を立てるという方法を志向してしまったことは、「6.「自己流」マネジメント方式の踏襲」であった。

次に、I社とJ社の事業統合においては、本来、外部事業環境の的確な理解のもとに、統合方針を立案すべきであるが、まさに「うちのやり方が正しい」(「失敗原因6.「自己流」マネジメント方式の踏襲」)と近視眼的な主張の応酬に終始してしまった。

また、K社によるV社の買収では、PMIに不慣れであったことから、明確なグループポリシーを導入せず、V社を放置し、PMIの初期動作を怠ってしまった(「失敗原因6.「自己流」マネジメント方式の踏襲」)。

(5) 異文化企業とのPMIで
顕在化しやすい企業文化の相違の事例

異文化企業との企業文化の融和は、言うは優しいが、失敗は尽きない。日本企業に先駆けて海外M&Aを実施していた欧米企業でさえ、当初は失敗を繰り返している。失敗を教訓に変え、学び続けるしかない。しかし、海外企業のM&Aを事業戦略の実現手段として活用する決断をしたのであれば、結果主義の観点から「企業文化の違いでうまくいきませんでした」は言い訳にはならない。海外企業との典型的な企業文化の相違点を認識しておくことが、相手企業との相互理解を円滑にするための一助になる。

図表6-2は、日本企業による海外企業の買収の際に、顕在化しやすい企業文化の相違点の事例である。なお、下記事例では、日本企業と海外企業のPMIにおいて顕在化しやすい価値観の相違の傾向を一般化して示しているが、実際には、企業文化はその企業の歴史、事業特性、事業環境や経営

図表6-2 日本企業と海外企業の文化の相違例

顕在化しやすい相違点	具体的な内容例（製造業の場合）
戦略実行の時間軸の違い	**①開発テーマの選択** ・日本企業は、テーマの選択と集中の決断が遅い ・海外子会社は、商品化の近い短期的テーマを志向 **②目標業績達成に要する期間** ・海外子会社は、短期的に利益影響の大きいコスト削減施策を重視
ものづくりのこだわりの違い	**③製品戦略の違い** ・日本企業は、品質・技術を重視（結果、現地市場で高コストになることも多い） ・生産技術や品質管理にコストをかける理由が、海外子会社に理解されにくい **④事業における「サービス」の位置付け** ・日本企業が「サービスで儲ける」というビジネスモデルに疎い ・海外子会社（サービスが収益源となっていない企業）では、販売実績を重視し、アフターサービスを軽視した結果、顧客のクレームが続出した
人材に対する考え方の違い	**⑤報酬の重要性に関わる理解** ・子会社社長が日本の本社社長より給料が高いことを許容できない ・日本企業側が、「プロ経営者」という職業に対する理解が不足している ・日本企業が現地での適正な報酬水準を調査不足であった ・（一方で）パフォーマンスの上がらない子会社社長をいつまでも厚遇で続投させる **⑥キャリアアップの可能性に対する理解** ・現地市場ニーズに詳しい人材をマーケティング部門の要職に登用するなど、キャリアアップ機会を提供しない（マーケティング組織の権限委譲の問題も背景にある） ・自国・他国を含めて、キャリアアップできるローテーション機会が少ない（グローバル人材開発の仕組みが整備されていないことも背景にある）
組織運営ルールの違い	**⑦ジョブディスクリプション（職務分掌）** ・日本企業と比較して、海外子会社では、部門間の横連携が悪い ・ラインに入っておらず、ミッションが不明確な日本人出向者が「コーディネーター」として派遣される **⑧権限の重要性に対する理解** ・権限規程の交渉をDay1以降に後回しにする ・スタートアップ企業に対して、大企業の機能子会社向け権限規程を適用した ・子会社からは誰が意思決定者か見えにくい
コミュニケーションスタイルの違い	**⑨トップダウン vs ボトムアップ** ・日本企業のトップの顔が見えず（見たこともない）、親会社が何を考えているかわからない ・Day1後の経営方針や戦略について、何も議論しないまま、本社の管理部門担当者からグループ規程へ統一するよう要請があった ・トップ同士で経営方針を合意したはずなのに、後で日本企業側の担当者がその方針と齟齬のある実務協力を色々と求めてくる ・海外子会社CFOの上司である本社財務担当役員に相談したく連絡をしたが、本人から音沙汰なし。代わりに実務担当の課長から連絡を受けた **⑩形式知化への理解** ・日本の親会社から色々と要求事項があるのだが、課題と効果についてロジカルな説明がなく、要求に応える意味があるのかどうか躊躇する ・親会社の管理ポリシーについて説明を受けたが、日本語の直訳で何を言っているのかわからない ・日本の親会社から色々と資料の提出依頼があるが、何の目的で使われるのか明確な説明もなく、事後のフィードバックもない ・海外子会社の社長が日本人の場合と、現地人の場合で業績評価基準が異なる

者の人生観など、さまざまな要素によって形成されているものであり、その把握は難しい。下記はあくまでも一般的な傾向であることをご理解頂きたい。

（6）　解決策 および 実務のポイント
粘り強く相互理解を深める

　異文化企業のPMIにおいて、企業文化の摩擦はつきものである。もし、日本企業側の担当者が、相手と良好な関係を築けていると信じていても、相手企業側に積もり積もった文化の違いのフラストレーションが、何かのきっかけに噴出するということもある。文化の壁を乗り越えるために、唯一無二の解はない。また、「この国の人はこうである」「あの国の人はこうである」といった偏見に満ちた捉え方は危険である。相手は人間である以上、国籍・文化を超えて必ずわかり合えるという強い意思が必要である。

　私たちは、日頃から「自分のやり方が正しい」という先入

観を捨て、相手を尊重し、時間を惜しまず、粘り強く相互理解のためのコミュニケーションをしていかなければならない。著者の経験に基づく、企業文化の融和のための基本的な心構えは以下の3点である。

①自社のアイデンティティを明確に持つ
②相手の企業文化を学ぶことに関心を払う
③互いに尊重心を持ち、文化の壁を乗り越える

①自社のアイデンティティを明確に持つ

　意外に忘れがちであるが、相手とわかり合う前に、まず、自社のアイデンティティを明確に理解することが必要である。自社の強みと相手企業の強みを融合させて、初めてシナジーが生まれ、相手企業が真に強い企業に生まれ変われるからである。

　企業のアイデンティティとは、「組織体でそれを他と区別し特徴付けるもの。独自性」と定義される（出所：広辞苑）。言い換えれば、アイデンティティとは、外部・市場視点で会社の「〜らしさ」を一言で伝えられる特徴であり、企業文化・理念とも密接な関連を持つ。

　例えば、サントリーホールディングス（以下、「サントリー」）は、創業時から「やってみなはれ」という精神があるが、この挑戦を奨励する風土をビームにも浸透させようとしている。サントリーは、ビーム買収のシナジーとして、「お客様に愛されるスピリッツのあくなき開発」を重視している。このシナジーを実現するために、新浪社長がリーダーシップを取り、「やってみなはれ」というアイデンティティの浸透活動を行っている。

アイデンティティを明確に言語化できるか

　実はこのアイデンティティを明確に説明できない企業は多

い。例えば、「技術企業」を標榜する会社について、その具体的なアイデンティティを掘り下げていったところ、「技術」は創造的な技術ではなく、「粘り強く顧客の要求仕様に応えること」を意味していた。その企業では、アイデンティティは技術ではなく「粘り強さ」を意味する場合もある。あるいは「技術」でも、「生産技術」を意味していることもある。また、「〇〇（企業名）らしさ」を「〇〇 Way」と英語に直訳し、海外に展開している日本企業があった。その企業の場合、そもそも何が「〇〇らしさ」なのか、日本側の経営陣・従業員が明確に言語化できていなかった。

　相手企業は具体的な言葉にしない限り、こちらの意図を理解できない。アイデンティティは、相手（相手企業や顧客）視点で、わかりやすく明確に言語化されることで効果的に浸透しやすくなる。

②相手の企業文化を学ぶことに関心を払う

　企業文化の相互理解は、まず相手の文化に関心を持つことから始まる。実は、相手の文化の理解は、相手と会う前から始めることができる。例えば、会社のホームページは、よく見るとその会社の企業文化が滲み出ていることが多い。

会社のウェブサイトも企業文化の表れの一つ

　ある日本企業が買収した米国の卸売業のウェブサイトでは、従業員のチームワークを大事にしており、従業員の結束の強さを表す写真がホームページの各所に登場していた。その組織の団結力の強さは結果にも現れており、この会社の業績は良いため、現地の「働きたい企業ランキング」の上位企業でもあった。まさに従業員の活力を最大化した「優良企業」である。しかし、買収する日本企業の視点からこの米国企業を観察すると、組織内部の結束の固さは、外部の人たちに対して排他的に見えることもある。実際、この日本企業は米国企業を買収した後、従業員から反発を受け、自主独立経営を認めることを余儀なくされた。

　また、別の日本企業が買収した欧州の機器販売店のウェブサイトには、「修理の電話を受けたら24時間以内に駆けつける」との記述があった。その記述から、この欧州の会社は、メンテナンスを差別化要素としており、サービスの迅速性を重視する自社の価値観との親和性も高いことが推察できた。その記述を発見した日本企業は、早速、統合委員会の会合に自社のメンテナンス事業担当幹部を参加させた。その幹部のコミュニケーション力の高さも幸いし、両社の文化的融合は円滑に進んだ。

お互いに相手の国の文化を知らないと想定しておくこと

　海外企業の買収においては、相手企業の経営陣と従業員が、日本企業のことはもちろん、日本人・日本文化に対してほとんど知識を持ち合わせていないということが起こる。特に、この傾向は、欧米企業を含む、アジア以外の企業の買収の場合に顕著である。

　ある日本企業（伝統的風土を持つ製造業）が欧州のオーナー企業を買収した際には、欧州企業側が日本的なボトムアップでの意思決定スタイルや、目的・意図を明確にしない、度重なる資料の要求、結論を中々言わないなどのコミュニケーションスタイルに対して堪忍袋の緒が切れ、親会社に対する不満が噴出した。これに慌てた日本企業側は、欧州企業の所在国出身で日本語も堪能な異文化コミュニケーションのコンサルタントを雇い、現地で文化交流のワークショップを開催した。欧州企業の経営陣は、当初、このワークショップの効果に懐疑的であったが、グループワークを通じ、寡黙だが誠実で勤勉で、打ち解ければユーモアに溢れた日本企業側のメンバーの良さを理解した。当初の日本側の期待をはるかに超え、ワークショップは欧州側メンバーに大好評であった。

企業文化の理解には五感を働かせる

　企業文化は、ウェブサイト、会社案内のパンフレット、製品カタログ、相手企業の複数の人が発する言葉など、各所に

滲み出ている。五感を働かせ、相手企業の文化に関心を持つことは、相互理解を的確に、かつ早期に実現することが可能となる。

③互いに尊重心を持ち、文化の壁を乗り越える

相手に尊重心を持つことができるか。企業文化の融和の鉄則はこの一言につきる。

PMIは企業同士の統合であるが、実際には人と人の円滑な関係性の構築の積み重ねである。しかし、人は、勝ち負けを意識すると、中立心や冷静さを欠き、「当社のやり方が勝っている」と、とかく「上から目線」になりがちである。製造業の場合、この上から目線の態度は、日本企業が強みとするモノづくりの現場で出ることがある。

ある日本メーカーも、初めての海外大型買収の後、日本から派遣された技術指導者が、頭ごなしに現地の技術者のやり方を否定し、技術者が大量退職してしまうという痛い経験をした。この企業では、この失敗経験を教訓とし、以後、海外拠点に派遣する技術者を選ぶ際には人格面も重視していると

図表6-3 **文化の壁を乗り越えるためのポイント**

「どちらが良い」は不調和を生む。
相手のやり方にも一理あり、背景があることを理解する。
　　…違いを認めるだけでも緊張的な関係性は緩和する。

自社のやり方を導入する効果を可視化する。
　　…シナジーのパイロットプロジェクトを実施し、結果を数字で論理的に説明する。
　　　早期に成功体験を共有することが、変化の起爆剤となる。

新しいことを実行する際の「不安」を取り除く。
　　…雇用や業績評価に影響がないことを伝え、安心してもらう。

実際に目で見て、体験してもらう。
　　…工場に招き、モノづくりの大切さ、品質の高さを見てもらう。
　　　日本人に会ったことのない人には日本人・日本文化を体験してもらう。

互いに自己開示する。
　　…自分の「人となり」をさらけ出す。
　　　例えば、家族の写真を見せる、好きなスポーツや趣味の話題を出す。

いう。相手のプライドを傷つけてしまっては元も子もない。相互理解を深めるためには、相手のやり方にも一理・背景があるのだろう、という姿勢で耳を傾けることが必要である（図表6-3を参照）。

スタートアップ企業と「共創」できるPMIのあり方

上述の「互いに尊重心を持ち、文化の壁を乗り越える」ことは、業種、企業規模、国籍を問わず、あらゆるPMIにおいて遵守すべき基本精神である。本節では、近年、わが国でも増加しつつあるスタートアップ企業とのPMIにおける企業文化融合の留意点について述べたい。

2019年の国内スタートアップ企業の資金調達額[1]は4,462億円と7年連続増加した。また、2019年の国内スタートアップ企業の事業提携[2]の件数は、1,551件と5年連続増加、その内、上場企業との提携は402件（構成比25.9%）を占めた。

2020年1月から12月は、コロナ禍の影響により国内のM&A件数は対前年比減少しているが、その3分の1超[3]が「ベンチャー企業」向けであった。このように、スタートアップ企業に対する大企業のM&A・出資案件は、依然として重要な割合を占めている。この背景の一つとして、2010年代半ば頃から、大企業によるコーポレートベンチャーキャピタル（CVC：事業会社により設立されたベンチャー企業へ投資を行う組織）設立の動きが活発化したことも考えられる。

大企業によるスタートアップとの提携の増加は、大企業のPMI（出資後の出資先との協業・マネジメント活動を含む）にとってどのような示唆を与えてくれるのか。それは、大企業の重視してきた「伝統的な」「自社視点での」価値判断基準はもはや限界であり、変革が必要であるという点である。

例えば、自社の既存事業と同一かつ事業が確立した企業を買収する際、デューデリジェンスにおいては既存事業の継続性の検証が重視されてきた。

しかし、スタートアップ企業は、事業の立ち上げ途上であ

[1]・[2]
事業提携
プレスリリース等の対外公表資料に、「事業提携」「業務提携」「資本・業務提携」に明示されているものを対象とした（出所：「Japan Startup Finance 2019」（INITIAL、2020年3月27日基準））。

[3]
レコフによると、2020年1月から12月の日本企業によるM&A案件数は3,730件と前年同期比の4,088件から8.8%減少した。ベンチャー企業の買収案件は1,331件（M&A総案件数に占める割合は35.7%）であった。本章では、「ベンチャー企業」と「スタートアップ企業」は同義語として取り扱う。

るがゆえ、デューデリジェンスにおいて売上実績値を評価することができない。その代わりに、将来の収益の獲得能力の源泉である人材、技術、人的ネットワーク、業務システム、斬新なビジネスモデルなどの「ケイパビリティ」（組織能力）が競合と比較してどれだけ独自性があるかについて評価をすることが求められている。また、大企業にとって、案件の検討・実行段階における意思決定スピードが、スタートアップ企業の望むスピード感と合致しないことが度々起こる。

大企業とスタートアップ企業の価値観の相違は、PMIのステージにおいて最も顕著となる。スタートアップ企業は、事業の迅速な立ち上げのため、階層を排除し、多様な人材、管理負担の最小化を考慮した組織体制を構築している。一方、大企業はスタートアップ企業に対して、自社の規則ルールを守りながら、事業を立ち上げることを望んでいる。大企業のアライアンス担当者から、スタートアップ企業の管理体制の脆弱さや、自社との協業案件の進捗の遅さ、自社の要求水準に満たないことを憂慮する声が聞かれることがある。しかし、大企業目線でスタートアップ企業を「縛る」ことで、スタートアップ企業との協業が実現しなければ元も子もない。

スタートアップ企業のイノベーションをいかに継続させられるか

スタートアップ企業の最も大切な強みは「イノベーションを生む風土」である。大企業は、スタートアップ企業との協業において、イノベーションを絶やさぬよう、大企業の意識を捨てて「共同創造のパートナー」として接することが必要である。成果を急いではいけない。大企業は、スタートアップ企業側が、恒常的なリソース不足であることを前提に、協業の成果について、現実的な時間軸を設定する必要がある（図表6-4）。

右記8つの留意点の内、5つ目の「コミュニケーションの手間を惜しまない」点については、相手がスタートアップ企業であるか否かにかかわらず、PMIにおいて忘れがちな点で

図表6-4 **スタートアップ企業とのPMIにおける留意点**

①短期間での成果を無理に急がない。
スタートアップのリソースを考慮し、現実的な時間軸を設定する。
…まずは、販売面のシナジー（製品開発、新規市場の開拓）を最優先とする。

②官僚的な規則は極力持ち込まない。

③ガバナンスの仕組み（ハード面）よりも、
理念・ビジョン共有（ソフト面）が求心力を保持する鍵である。

④管理業務のリソース不足に留意し、追加リソースを早期に手当てする。
…例えば、親会社の決算プロセスに対応する人材など。

⑤コミュニケーションの手間を惜しまない。

⑥上から目線は禁物。スタートアップの良い部分を認め、
共同創造のパートナーとして相手から学ぶ。

⑦従業員のリテンションに最大の注意を払う。
…例えば、柔軟な労働時間、休暇制度、福利厚生プログラムなどを提供する。

⑧親会社は、スタートアップにとって魅力的な企業となることを心がける。

ある。

　スタートアップ企業のPMIにおいては、相手企業のリソース不足が課題となりがちであるが、実は、親会社・出資企業側の粘り強い支援が最も重要である。スタートアップ企業の新規市場・製品開発の成功がPMIの成功である。そのためには、親会社・出資企業側の担当部門がリーダーシップを発揮し、他部門を巻き込みながら、「継続的に」スタートアップ企業の事業育成を支援していくことが必要である。自社の顧客を紹介する、自社の技術を提供する、自社の標準化された業務プラットフォームを提供するなど、親会社・出資企業側が継続的に顧客、技術、ノウハウを提供することで、ようやくスタートアップとの協業の意義が結実する。
　例えば、セールスフォース・ドットコム（Salesforce）の日本法人は、自社が提供するマーケティング、顧客分析、EC

（電子商取引）などのクラウドサービス・プラットフォームとドメイン（サービス）領域が一致するスタートアップ企業と提携し、両社での新サービス開発を推進している。セールスフォースが、スタートアップ企業に顧客基盤、技術・ノウハウや資金を提供し、見返りとしてスタートアップが新たなクラウドサービスの開発に貢献している形だ。

大企業の伝統的組織の価値観を変える

スタートアップ企業の効果的なPMIができるようになるためにはどうすれば良いか。それは、究極的には自社がスタートアップ企業と類似した、変化に柔軟な企業組織風土を持つことに他ならない。米国のGAFA（Google、Amazon、Facebook、Apple）に属する、ある企業の事業開発担当者が言った。「我々のM&Aの成功確率がなぜ高いって？　それは我々自身がスタートアップ企業の風土を維持しているからだ」。

日本企業はどこまで「伝統的な」「自社視点での」価値判断基準を変えることができるか。日本のオールドエコノミー企業の復活と再生はいかに新たな技術・ノウハウ・ビジネスモデルを取り込めるかにかかっている。相手を自社の色に染めるだけがPMIではない。PMIの成否はひとえに企業の自己改革能力にかかっている。

> **コラム　CVCを中途半端に終わらせない**
>
> 前述の通り、大企業ではスタートアップ企業とのオープンイノベーションを活発化するため、2010年代半ばからCVCの設立が相次いだ。日本ベンチャーキャピタル協会が2018年に実施した調査[*4]によれば、CVCを持つ有効回答の65社のうち、スタートアップ企業へのM&A実績があるのは20%であった。実績がない企業の39%が、「買収に値する企業」がないという理由であった。
>
> 日本におけるCVCの成功事例はまだ少ないという印象がある。CVCは社内組織の一部として設立することができ、

[*4]
「我が国のコーポレートベンチャリング・ディベロップメントに関する調査」（一般社団法人日本ベンチャーキャピタル協会）

本業とのシナジーを追求しやすいというメリットがある。一方で、その設立の目的もあいまいであり、成果も見えにくいという声も聞こえてくる。

CVCを中途半端に終わらせないためには、CVCの目的・ミッションを再定義し、投資権限を与えることが必要である。そして何よりも大切なのは、スタートアップへの出資後、出資先の技術やノウハウを活かしながら、社内の多くの人を巻き込み、事業シナジーの実現のため最後までやりぬく人材がいるかどうかである。

（7） 失敗原因7. 経営者的思考の弱さ

国内の大企業が、スタートアップ企業やオーナー企業を買収した際、ないしは欧米・アジアの企業の買収後のPMIにおいて顕在化するのが、日本企業の組織内における「経営者的思考」の不足である。これも現場やプロセスを重視し、ボトムアップによるコンセンサス形成を行う伝統的な日本の大企業と、トップダウンで意思決定をする企業との文化の相違の表れの一つと言える。

「経営者的思考」とは、経営者であれば自然と使っているアウトプットや結果を重視した思考スタイルのことである。海外企業の経営者も使っているという意味では、「グローバルスタンダード」の思考スタイルと言っても良い。経営者的思考の代表例としては、全体最適思考、バックキャスティング思考、仮説思考および自責思考などである。

（8） 解決策および実務のポイント
4つの思考法を身につける

①全体最適思考
会社全体を俯瞰して見て、最適な解を見出していく思考。

例えば、M&Aのシーンで見れば、以下のような行動に現れる。

・M&Aの交渉を大局的に捉え、短期的には自社にとって不利益になっても、中長期的には自社の利益となる条件を呑む。

・PMIでやるべき課題に優先順位をつけ、経営の視点で真に重要な課題の解決にリソースを集中する。

・自社（親会社）の利益だけでなく、相手企業（子会社）の利益や心情にも配慮する。

・事業売却に当たり、自社への財務的な影響だけでなく、取引先や従業員など利害関係者の観点も加味して決断をくだす。

全体最適思考は、PMIタスクの優先順位付けに必要である

　全体最適思考が不足していると、例えば、PMIにおいてタスクの優先順位付けができず、各部門が抽出した重要でないタスクも含め、膨大な件数のタスクを相手企業に押し付けてしまう。

　これはプロセス思考の強い人が、PMIにおいて犯しがちな失敗である。プロセスばかり相手に要求すると、相手は疲弊する。プロセスばかりを重視し、全体最適思考に基づく優先順位付けができない日本の親会社との信頼関係に悪影響があった事例は限りない。本来、PMIで初期的に着手すべきタスクは、事業戦略、実現したいシナジーと時間軸、事業のリスク管理、相手企業のリソースの充足度などに鑑み、優先順位付けをすべきである。優先順位付けをするのは、ボトムアップ型の意思決定スタイルを採る企業の場合、トップの参謀役となるプロジェクト事務局のリーダーである（第5章p.138 ～ 140を参照）。

②バックキャスティング思考

　将来のあるべき姿から、現状とのギャップ（課題）を掌握し、その課題の解決策を実行していくという思考。ゴールから逆算して考える思考である。

　例えば、M&Aのシーンで見れば、以下のような行動に現

れる。

・統合新会社のあるべき姿を示し、そのゴールに向けて一丸となって進むよう経営陣と従業員の士気を鼓舞する。

・事業戦略を立案する際、既存の事業の延長線上で考えられる戦略だけでなく、事業領域を変える、ビジネスモデルを変革するような戦略を立案する。

・まず、あるべき戦略を打ち出し、足りない経営資源はM&Aなど外部資源を獲得することを実現手段に含める。

　バックキャスティング思考は、「事実を積み上げて答えを出すもの」「積み上げ思考や現状の延長線上に答えがある」という思考の傾向が強い人からは、受け入れられにくい思考である。

　しかし、バックキャスティング思考を発揮できないと、事業戦略の議論において、経営資源（ヒト、資金など）が不足していることを理由に、潜在性の高い市場に進出することをあきらめる、できない理由ばかりを並べ立てて、有望な新規事業をあきらめてしまうということが起こる。

あるべき姿は意志であり、時には直感的なもの

　あるべき姿というのは、自社はこういう企業になりたいという意志（will）であり、大望（ambition）である。それは、必ずしも客観的な事実の積み上げにより論理的に導き出されたものではなく、直感や情熱による「想い」から湧き出て来るものである。積み上げ思考の強い人たちと将来のあるべき姿を議論する際には、日常業務を離れたワークショップの場で、「できる、できない、を論じない」「人の意見を否定しない」といったルールを設けた上で、議論の範囲について「境界域」を撤廃し、自由闊達なディスカッションの機会を設けることも有益である。

③仮説思考

　仮説を立て、実行する。実行後、検証してうまくいかなければ軌道修正する思考のこと。仮説とは、「仮の答え」「仮置

きした答え」のことである。情報が少ない段階から、常に仮の結論を立て、それを検証する思考スタイルである。例えば、M&Aの現場では、仮説思考は以下のような行動に体現される。

・シナジー効果の見積もりにおいて活用される。デューデリジェンスの前に対象企業を買収した場合のシナジー仮説を立てる。その仮説の実現可能性について、デューデリジェンスの対象企業へのインタビュー等を通じて検証し、シナジーを具体的に定量化する。買収後、統合プランの策定の際、買収時に立案したシナジーについて、相手企業（子会社）のメンバーを入れ、さらに実現可能性について議論を重ねた後に事業計画に織り込んでいく（シナジーの仮説検証については、第4章（p.107 ～ 108を参照））。

・買収時、買収後の事業計画策定の際、事業環境のシナリオについて仮説を立てる。例えば、買収対象企業が市場シェアを維持できるかどうか。あるいは、景気後退による需要の落ち込み後、需要が回復するのはいつかなど。

・統合計画の策定の際、統合の範囲や（例えば、どの製品モデルを統合するのか。どの生産拠点を統合するのか）、実施時期の設定（何年後に統合するのか）において、まず、統合効果を最大化するためにあるべき統合範囲やスケジュールを「仮置き」する。

　仮説思考は、バックキャスティング思考と同様、積み上げ思考の強い現場メンバーから強い抵抗を受けることが多い。

仮説思考を発揮しないとPMIは無理

　例えば、デューデリジェンスの際、シナジー検討のため、製造部門のメンバーにコスト削減効果を依頼したとしよう。この時、製造部門が仮説思考を使わないとしたら、その部門から「詳細な原価情報がわからないので試算できません」という反応が返ってくる。買収後、親会社と子会社の間でPMIのプロジェクトチームが発足し、製造の分科会も設置された。プロジェクト事務局から、製造分科会のメンバーに対

してコスト削減効果の試算依頼がなされるが、製造部門のメンバーから「まだ子会社の製造オペレーションを理解していないので試算できません」という反応が返ってきた。一体、いつになったらシナジーは試算できるのか。何の仮説もなく、詳細な情報ばかり集めても、結局、時間を浪費した挙句にシナジーは試算できない。

　もちろん、相手企業のオペレーションの具体的な理解や事実に基づく緻密な課題分析を決して軽んじているわけではない。しかし、短期間（例えば、3か月間）で事業計画を策定しなければならないとしたら、まず、両社間で「シナジーが出そうな事業領域・業務領域」について意見交換をし、そのシナジー仮説に基づき、詳細な情報を持ち寄って実現可能性や定量化を検討した方が効率的に「出すべき答え」に行き着く。

　早稲田大学商学学術院教授の内田和成氏は、仮説思考を身につけるメリットとして、「問題解決のスピードが格段に速くなる」と述べている[*5]。また、あるグローバル経営コンサルティングファームのパートナーは、「欧米企業の経営者は、事業戦略の仮説が7割できれば直ちに実行に移す。実行の結果、仮説が誤っていた点について軌道修正を行う」と述べている。自社による買収が公表された後、競合他社は、PMIの混乱に乗じてビジネス機会を奪うことを虎視眈々と狙っている。両社で開発した新製品の発売が3か月でも遅れたら、ビジネスへの悪影響は避けられない。仮説思考は、経営のスピード感を早めるためにも必須の思考スタイルである。

*5
『仮説思考』内田和成著
（東洋経済新報社）

④自責思考
自分の行動による結果は、自分に責任があるとする思考。

　言い換えれば、当事者意識を持ち、自責思考で考え、行動すること。結果が出ないことを他人のせいにするのは、他責思考である。例えば、M&Aの現場では、自責思考は以下のような行動に体現される。
・デューデリジェンスにおいて、ある難しい論点が発生した

際、事業と法務のどちらのチームが情報収集を担当するか議論になった。事業のチームが、PMIにおける事業責任は自部門にあるため、当事者意識を持ち、積極的に論点の調査を担当することとした。

・PMI初期において、相手企業の意向が読めず、今後の展開に不透明感がある時、情報不足をプロジェクト事務局のせいにしない。自ら相手企業の仕事相手と積極的にコミュニケーションを図り、情報を収集する。

・自社の方針を相手企業に受け入れられなかったことを、「価値観の相違」や「相手の理解が悪い」と短絡的に結論付けをせず、「自分たちの説明が不十分であった」と捉える。そして、相手の理解が得られるまで、コミュニケーションの手間を惜しまず、丁寧に説明をする。

・PMIにおいて相手企業との関係性が硬直化してしまった場合、「文化の違い」で片付けず、自社の対応のどこに問題があったのか、振り返る。自社の対応の未熟さは素直に謝罪し、相手と円滑な関係を構築しようとする。

自責思考で考え、行動する誠実さ

　自責思考が発揮されないと、問題点への対応が後手に回る、相手との関係が不調和になるなど、結局、良い結果を生まない。このような事態を避けるためには、あらかじめプロジェクトチーム内での役割分担と責任の所在を明確にしておくことが必要である。そして何よりも大事なのは、他責とせず、自責とする「誠実さ」である。

　以上の通り、M&A・PMIの当事者同士が経営者的思考を身につけていると、お互いの「ロジック」が読めるため、意思疎通がしやすく、早く結論に到達し、円滑な関係の構築に役立つ。文化の摩擦を減らすために、M&Aの当事者が備えておくべき思考スタイルである。経営者的思考は一朝一夕で身につけられるものではない。日頃から経営者の思考に触れ、日常業務の中で実践を積み重ねておくことが必要である。

7

日本企業の
経営者の課題

M&Aの失敗要因の根底には、
日本の伝統的企業の組織風土が関係している。
M&Aの実行能力を高めるためには、
「土壌」そのものを抜本的に変革していかなければならない。

M&Aの実行能力を高めていくための取り組みは、
中長期的な視点で、継続的に実施し、組織内に定着させていく必要がある。
その土台固めとして必要な組織変革は、
①緻密な分析を裏付けとしたリスクテイキングを行う
②結果が出るまで愚直にやりぬく風土を醸成する
③若いうちから経営者経験を積む
④外部の「血」を謙虚に受け入れる
⑤「レジリエンス」と「共感力」のある人材を育成する
ことの5点である。

PMIも最後は人間力である。
日本企業でも、「レジリエンス」と「共感力」の高いリーダーが輩出され、
組織を変革していくことを期待したい。

M&Aでは
これだけやれば絶対に成功するという唯一無二の「成功法則」は存在しない。
しかし、「M&A先進企業」の事例を見るに、
M&Aを成功に近づけるための企業が取るべき行動とは、
①明確な目的を持つ（目的の視点）
②結果にこだわる
③ガバナンスでやるべきことをやる
④「M&Aは有事」として経営者が関与する（以上、結果責任の視点）
⑤「共同創造」のパートナーとして尊重して向き合う（尊重の視点）
の5点である。
目的、コミットメント、人間力、これらの当たり前のことをやることが、
M&Aの成功のための第一歩となる。

「信念を貫き、当たり前のことを継続できる組織」こそが、生き残っていく。
今こそ、結果を出している企業から学ぶときである。

（1）「真の成功」のためには
古い価値観を打破する自己変革が必要

　第2章および第4章から第6章を通じて、日本企業が直面する典型的なM&Aの失敗事例、7つの失敗原因および実務者の視点による改善策について論じてきた（図表7−1）。

図表7−1 **M&Aの7つの失敗原因と改善策（まとめ）**

失敗原因	主な改善策【掲載章】
1.「M&Aありき」の あいまいな目的 （手段の目的化）	**「当社ならではの」M&Aの目的の明確化** …なぜこの会社を買収するのか（理由） …この会社を買収することが当社の事業戦略と合致しているのか（戦略との整合性） …M&Aをすることで具体的にどのようなシナジーが期待でき、その実現可能性は現実的か（シナジーの実現性） **M&A案件の評価基準と透明性の高い検討・実行プロセスの確立　　【第4章】**
2. リスクの 楽観的バイアス	**デューデリジェンスでは、事業継続リスクの見極めに注意を払う** **（事業環境、ケイパビリティ、財務面の視点）　　　　　　　　　　【第2章】**
3.「自己保身的」行動	**買収を止める勇気とプロセス　　　　　　　　　　　　　　　　　【第4章】**
4. 結果責任意識の 欠如	**経営者の「顔が見える演出」を行う** **経営者の「強力な」サポート役を起用する** …経営者の腹心の部下をナンバー2として送り込む …異文化コミュニケーションが得意な人物を子会社社長の上司とする
5.「有事性」の 理解不足	…社外取締役による牽制機能を利用する …強力な「プロジェクト事務局」を設置する **ガバナンスでは遠慮しない　　　　　　　　　　　　　　　　　　【第5章】**
6.「自己流」 マネジメント方式 の踏襲	**自社のアイデンティティを明確に持つ** **相手の企業文化を学ぶことに関心を払う** **互いに尊重心を持ち、文化の壁を乗り越える** …相手のやり方にも一理あり、背景があることを理解する …自社のやり方を導入する効果を可視化する …新しいことを実行する際の「不安」を取り除く …実際に目で見て、体験してもらう …互いに自己開示する　　　　　　　　　　　　　　　　　　　　【第6章】
7. 経営者的思考 の弱さ	**全体最適思考** …トップの参謀役のプロジェクトリーダーが、全体最適でタスクの優先順位をつける **バックキャスティング思考** …日常業務の現場を離れ、思考の制約を解き、自由なディスカッションの場を設ける **仮説思考** …シナジー検討、事業計画・統合計画策定の場を通じ、仮説検証を繰り返す **自責思考** …プロジェクトチーム内であらかじめ役割分担と責任を明確にする。誠実な対応をする　　　　　　　　　　　　　　　　　　　　　　　　　　　【第6章】

上記の改善策は、著者の経験に基づくものだが、解決策となる「打ち手」は課題の状況に応じて変化しうるものであり、唯一無二の方法が存在するわけではない。また、これらの改善策は、あくまでも失敗に繋がるリスク要因を事前予防、努力と工夫により軽減、緩和するためのものでしかなく、抜本的に改善するためには、現場でできる改善（Improvement）のレベルを超えた組織の変革（Transformation）が必要となる。なぜなら、第2章で述べた通り、M&Aの失敗原因は、日本企業に根づいた伝統的な組織風土が背景に存在するからである（p.43を参照）。

再掲　図表2-3　「M&Aの失敗の本質」の根底にある特徴的な日本企業の組織風土

①戦略がなく／プロセス思考が強く、進み出したら軌道修正できない
②トップのリーダーシップが弱く、組織の責任があいまい
③共同体意識が強く、新たな価値観を受け入れにくい

　企業が生き残るためには、過去の既存の事業領域にこだわらず、デジタル分野への投資など、新たな技術、ノウハウ、人材の獲得を通じたビジネスモデルの変革が必要である。そのためには、これまでの自社の旧来の価値観、思考・行動様式とは異なる企業との連携が増えていく。スタートアップ企業との連携が代表例である。M&Aの効果を最大化していくためには、自社の旧来の価値観を変えていかなければならない。自分を変えられない組織は衰退していく。
　今こそ日本企業は変革のときである。変革ができるのは経営者しかいない。最終章では、M&Aの失敗を減らし、成功へ導くために経営者が取り組むべき課題について論じる。

（2）経営者が取り組むべき5つの課題

　かつて、1980年代以降、「カイゼン」「かんばん方式」などを代表とするトヨタ生産システム（TPS）の思想は海外に広まり、自社への導入を試みる米国や海外企業も相次いだ。成功例もあるが、TPS思想が根づかなかった企業も多いと聞く。

　その理由は、TPSの根底には、トヨタ自動車が長年蓄積してきた「現地現物主義」「なぜを5回繰り返す」などの組織風土が存在するからである。仕組みはそれを実行する組織内の愚直な継続努力と相まって初めて効果を発揮する。「土台」となる企業風土を変えずに、表面的に仕組みを模倣しても、その仕組みを定着させられないゆえんである。トヨタでさえも、世代交代でTPSの精神が組織内で希薄化していくことへの危機感を抱き、社内の浸透活動を続けている。

M&Aの実行能力の向上のためには組織の変革が必要

　M&Aについても同様のことが言える。M&Aの実行能力を高めていくための取り組みは、中長期的な視点で、継続的に実施し、組織内に定着させていく必要がある。その土台固めとして必要な組織変革は、①緻密な分析を裏付けとしたリスクテイキングを行う、②結果が出るまで愚直にやりぬく、③若いうちから経営者経験を積む、④外部の「血」を謙虚に受け入れる、⑤「レジリエンス」と「共感力」のある人材を育成する、ことの5点である（図表7-2）。

（3）課題1 緻密な分析を裏付けとした リスクテイキングを行う

　失敗原因2.リスクの楽観的バイアス（第2章p.43～47を参照）に記載の通り、「M&Aありき」で案件を検討することで、買収対象事業に潜む事業リスクを過小評価する、また

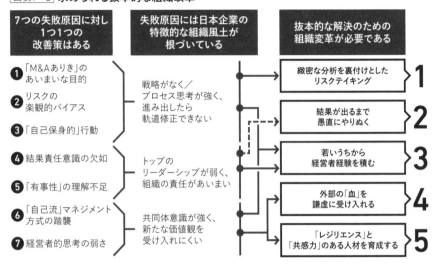

図表7-2 求められる抜本的な組織改革

7つの失敗原因に対し1つ1つの改善策はある	失敗原因には日本企業の特徴的な組織風土が根づいている	抜本的な解決のための組織変革が必要である
❶「M&Aありき」のあいまいな目的	戦略がなく／プロセス思考が強く、進み出したら軌道修正できない	1 緻密な分析を裏付けとしたリスクテイキング
❷ リスクの楽観的バイアス		2 結果が出るまで愚直にやりぬく
❸「自己保身的」行動		
❹ 結果責任意識の欠如	トップのリーダーシップが弱く、組織の責任があいまい	3 若いうちから経営者経験を積む
❺「有事性」の理解不足		4 外部の「血」を謙虚に受け入れる
❻「自己流」マネジメント方式の踏襲	共同体意識が強く、新たな価値観を受け入れにくい	
❼ 経営者的思考の弱さ		5「レジリエンス」と「共感力」のある人材を育成する

は看過するということが起こり得る。事業リスクとは、例えば、業績悪化の要因となる事象（例：重要な販売先への販売金額の減少・販売条件の劣化、過剰在庫、重大な製品欠陥の発生）、事業継続に疑義が生じる事象（例：規制当局からの法令違反の指摘、労働者のストライキ）、その他事業を運営する上で起こり得るリスクである。

景気後退期ほどリスク分析に慎重になる

好況期で買収した子会社の業績が良い場合には、潜在的な事業リスクは顕在化する可能性は低くなる。一方、景気後退の兆候が見えるときに、企業は、将来の成長を先取りした買収を実行することもある。例えば、他社の事業売却の機会を捉え、業界ポジションの向上を狙った同業企業の買収をする際や、技術や人材は揃っているが資金調達が難しくなったスタートアップ企業を買収する場合である。そのような場合ほど慎重に将来の事業の見通しについて分析をしなければならない。

あるグローバルに事業展開をする食品メーカーでは、全世

界の市場を細分化し、市場ごとに事業計画を策定している。各市場の事業計画において販売数量を見積もる際には、国内消費の動向、増税の見通し、同一セグメントに属する競合他社製品の価格戦略、他のセグメントに属する競合他社製品の価格帯の変更、為替の変動など、さまざまな売上の増減要因を考慮し、精緻な売上予測を行っている。この食品メーカーでは、新たに他国の企業を買収する際にも、同様の事業計画のモデルを適用し、さまざまなリスクシナリオに応じた事業計画と買収価格の変動に際して、感度分析を行っている。

　また、2020年8月に米国マラソン・ペトロリアムのコンビニエンスストア併設型ガソリンスタンド事業を210億ドル（2兆2,176億円）で買収することを決定したセブン＆アイ・ホールディングスの井阪隆一社長は、データによる裏付けを重視し、「360度からチャンスとリスクを徹底的に議論した」と述べている[1]。当社では、コンビニエンスストア事業で培ったデータに基づき仮説検証を徹底的に繰り返す「データ活用経営」の強みをM&Aの検討にも活かしている。

　ある消費者製品を製造販売する企業のM&A担当者が言った。「当社では、買収の意思決定の際、現在の業績を上回る事業計画のシナリオを検討することはない。むしろ業績の下方修正要因を徹底的に探し、買収価格の引き下げ交渉をする」。その企業の経営者としては、買収価格を引き下げることが狙いである可能性もあるが、リスク回避的な「手堅い」分析を実施しているとも言える。

　上記の緻密なデータ分析力をM&Aの投資判断に活かすためには、属人的な分析スキルの向上だけでは不十分であり、組織全体での分析力向上の取り組みが必要である。そのためには、業務においても客観的なデータ分析をもとに、PDCAサイクルを回す習慣を定着させ、それを支えるデータ統合基盤などのインフラ整備を進めておくことが必要である。

*1
日本経済新聞 2020年8月24日付

（4）　課題2　結果が出るまで愚直にやりぬく

　M&Aを成功させる企業は、結果にこだわるDNAがある企業である。代表例として、日本電産とリクルートホールディングスを挙げたい。

　日本電産は、創業者の永守会長兼CEOのリーダーシップのもと、「すぐやる、必ずやる、出来るまでやる」を徹底的に行い、計画を必ず達成することが強みである。実際に、買収して1年間で黒字化できた企業は少なくとも40社以上はあると言われている。日本電産の名前を聞くと、多くのビジネスマンは「あの会社はうちとは違う。真似はできない」と、「一瞥に付す」ことをしてしまう。

結果主義が浸透した企業は成功する土壌がある

　本当にそうなのか。例えば、日本電産は、事業所の売上・原価・利益の業績管理を週次で行っている。確かに週次は短い管理サイクルであるが、行っている業績管理のフレームワーク自体は特別なものではない。しかし、同社は、創業以来40数年間、業績管理を徹底して「継続」してきた。この当たり前のことを続けられる「継続性」が企業を強くする。実際、リーマン・ショック直後、多くの上場企業が赤字に転落したが、日本電産は短期間で利益のV字回復を果たすことができた。日本電産のグループ会社の社長として経営再建を成功させた経験を持つ川勝宣昭氏は、「日本電産が凄いのは、経営手法が凄いからではありません。使う経営手法は当たり前のものです。日本電産が凄いのは、経営手法を実行するスピードと徹底力が凄いのです」と述べている[*2]。

　リクルートホールディングスは、「圧倒的な当事者意識」「考え抜く・やり抜く姿勢」などの、仕事の基本スタンスが社員のDNAとして浸透している。米国のインディード買収時、インディードを見つけてきたリクルートの事業担当者が、社内の反対意見を説得して買収を推進し、PMIまでをやり切ったと言われている。その後、リクルートは、インデ

*2
『日本電産流 V字回復経営の教科書』(川勝宣昭著)東洋経済新報社

ィードの検索エンジンを日本市場に持ち込み、成功を収めたことは記憶に新しい。

　愚直にやりぬく期間は、何年にも及ぶことがある。日本の大企業は、今、持続的成長の壁に直面し、いよいよ本気でイノベーションを起こしていかなければならない。必要なことは決して短期的思考に陥らず、忍耐することである。第6章で述べた通り、スタートアップ企業との協業の成果は急がず、親会社・出資企業側が粘り強く、継続的に事業化を推進していくことが必要である（p.160 〜 161を参照）。PMIは忍耐強く、辛抱強く、継続的に取り組んでいかないと成果の出ない仕事である。そうであるがゆえ、会社によってはPMIにフルコミットしたがる人材は未だに少なく、「不人気職種」となってしまっている。

　「結果主義が組織に浸透した企業は、M&Aでも成功する可能性が高い」。これが世の中で証明された経験則である。日本電産と自社を比較するのではなく、「結果主義」というエッセンスが模範とすべき点である。

トップの不退転・初志貫徹の決意が必要

　結果が出るまで愚直にやりぬくことを組織に浸透させていくため、企業に求められることは、経営トップの不退転・初志貫徹の決意である。

　例えば、ダイキン工業は、日本のモノづくり技術の伝承に対する強い問題意識から、金属加工技術等の「伝道師」として「マイスター」「トレーナー」を育成、過去に買収した企業も含む世界中の拠点に伝承している。ダイキンでは、生産技術や品質管理手法の標準化は、海外工場でのコスト削減にも寄与している。また、アサヒグループホールディングスは、「スーパードライを世界に広める」というスローガンを掲げ、買収したオセアニアや欧州子会社においても現地生産を行っている。海外子会社側では、アサヒの強みである品質管理手法を取り入れた、新たなブランドを販売することができる。

買収後のグローバル経営において自社の強みを磨くことを貫いている事例

自社の強みを磨き、伝承していくことへの経営者の信念を貫き、結果を出すことが相手企業との摩擦を乗り越える原動力となる

会社名	取り組み例
ダイキン工業	・日本のものづくり技術(「ろう付け技術」などの加工技術)の世界への伝承 ・日本から品質評価ノウハウを伝授し、世界6か所にマザーR&D拠点を設置。現地ニーズに適合したエアコンの開発リードタイムを短縮しコストも削減 ・工場のIoT化も展開中
日本たばこ産業	・日本式の生産技術や品質管理手法の導入
アサヒグループ ホールディングス	・スーパードライを世界に広める ・買収したオセアニア、欧州拠点でも現地生産を開始
サントリー ホールディングス	・創業理念「やってみなはれ」「利益三分主義」の伝承 ・米国で自主的に森林保全が始まる ・お客様に愛されるスピリッツへのあくなき開発 ・時には神聖なレシピにまで口を出す勇気

出所：新聞・雑誌記事等を元に著者作成

　　PMIで相手企業との文化の融和のためには、相互尊重が大切であると第6章で述べた（p.158を参照）。しかし、一方で自社の強みを磨き、伝承していくことへの経営者の信念を貫き、結果を出すことが相手企業との摩擦を乗り越え、「真の相互理解」に繋がる原動力となる（図表7-3）。

　　最後に、M&A実務の視点から、M&A実行能力の向上について付け加えさせて頂きたい。

　　「M&A先進企業」の事例を見るに、M&Aの成功確率が高い企業は、組織内に戦略立案、M&A実行（エグゼキューション）からPMIまでの一連のプロセスにおいて「型」ができている。M&Aをプロセス視点で見れば、これら戦略立案、実行、PMIのプロセスは、言わずもがなシームレスである。しかし、実際には、M&Aプロジェクトでは事業部から管理部門まで数多くの組織のメンバー、外部アドバイザーやコンサルタントなどが関わるため、組織ミッションの違いや、情報共有不足などにより、前工程から後工程に適切に検討論点や課題を引き継ぎ、シームレスに進めることは難しい。実際、第2章のA社の失敗事例でも述べた通り、社内組

織間の連携不足も M&A の失敗を招く一因となる（p.33 〜
34を参照）。

M&A プロセスの「型」を組織内に定着させる

　これを防ぐにはどうしたらいいか。自社なりの M&A プロ
セスの「型」を覚え、繰り返し実践していくことで次第に習
熟度が上がっていく。

　例えば、第4章でも述べた通り、シナジーは、買収企業と
のコンタクト前、初期提案時、デューデリジェンス時、統合
計画策定時と、時間軸が流れるにつれ仮説検証を繰り返して
いくことで「型」を覚えることができる（p.107 〜 108を参
照）。その際、デューデリジェンスで試算したシナジーが、
意思決定時の企業価値評価にどのように影響し、PMI の統
合計画策定に繋がっていくか。また、シナジーを実現するた

図表7-4 **M&A はシームレスなプロセス**

PMI成果の早期実現のため、一貫としたプロセスの「型」を覚え、繰り返し実践することで組
織に定着させていくことも必要である

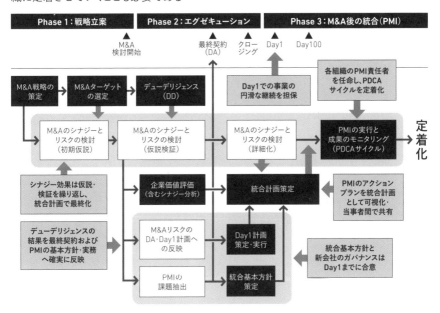

めに、対象企業の事業継続性を担保すべく、買収契約の条件
として売主に要求すべき事項は何か。あるいは、Day1から
円滑な新体制をスタートさせるためには、買収契約前、クロ
ージング前に相手企業と何を合意しておかなければならない
か。

　このように、時系列、かつ検討作業間の「有機的な繋が
り」を理解しておくことで、検討項目の抜け漏れを防ぐこと
ができる。一度プロセスの型を覚えれば、シナジーの仮説検
証、事業計画のリスクシナリオの分析、重要な統合施策の検
討など、より難易度の高い検討項目に知恵を絞る時間も捻出
できる。このように、結果が出る組織への変革のためには、
まず「型から入る」ことも大切である（図表7－4）。

　これからの日本では、「信念を貫き、当たり前のことを継
続できる組織」こそが、生き残っていく。「自社には無理」
と、出来ない理由を探すのではなく、今こそ結果が出ている
企業から学ぶ時である。

（5）　課題3　若いうちから経営者経験を積む

　PMIの重要性と経営者に求められるリーダーシップにつ
いて経営者の認識が高まり、組織全体に経営者的思考と多様
性を受け入れる文化が醸成されれば日本企業がM&Aに失敗
する確率は下がる。そして、M&Aを成功に導くことに長け
ている企業は、経営者がM&Aの成功にコミットしており、
現場にも結果にこだわる風土が浸透していることは間違いな
いと言える。

大企業では限られた若いうちからの経営者経験

　欧米・アジア企業の経営者や中堅幹部、日本のスタートア
ップ企業の経営者と話をすると、20歳代から30歳代のうち
に、経営者的思考（全体最適思考、バックキャスティング思
考、仮説思考、自責思考など、第6章p.163 ～ 168を参照）

図表7-5 CEOの年齢および経験内容の比較

図表7-5 **CEOの年齢および経験内容の比較**

	世界	日本	米国・カナダ	中国	その他新興国	西欧
CEO就任時年齢	53歳	60歳	54歳	52歳	52歳	51歳
外部招聘のCEOの割合	17%	3%	21%	14%	23%	24%
他企業での勤務経験	72%	18%	94%	66%	65%	86%
本社と異なる地域での勤務経験	33%	21%	33%	9%	20%	63%
MBA保有者	33%	0%	53%	26%	15%	33%

出所：2018 CEO Success Study（2018年CEO承継調査）PwC Strategy+

や多様な価値観に対する受容性を身につけていることに驚く。

　一方で、長年会社に「就社」し、積み上げ思考やボトムアップ型の意思決定プロセスに慣れ、40歳代から50歳代にならないと責任のある仕事を任せられない大組織に所属する人にとっては、経営者経験を積むことが難しい実情もある。売上高1兆円を超える東証一部上場企業で、20歳代から30歳代のうちに経営者的思考を身につけられる企業は、当事者主義や結果主義が組織に浸透している企業に限られると考えられる。

　PwCが世界の上場企業における時価総額上位2,500社を対象に2018年に実施した「CEO承継調査」によれば、新任CEOの就任年齢の中央値は、全世界の53歳に対して日本が60歳と世界平均を上回った。また、日本の外部招聘のCEOの割合は3%、他企業での勤務経験は18%と、各々世界平均の17%、72%を下回り、地域別には世界最低であった（図表7−5）。

多様な価値観を学ぶ

　もはや「純血主義」で、価値観の合う人同士が行う経営には限界が来ている。著者も経営コンサルタントとして、中途採用のため20歳代の大企業在籍者と面接をすることがある

が、彼ら、彼女たちの同世代が、ベンチャー起業や経営コンサルティング会社で自己実現を果たしていることに対し、自らの成長スピードの遅さに危機意識を抱く人も多い。日本でも今後、若いうちから経営の経験、多様性を育む経験を志向する人材が増加していく。

　もちろん大企業もこのような状況をただ静観しているわけではない。ダイキン工業は、グローバル人材の育成を目的として、20歳代半ばから30歳代の若手従業員を対象に海外拠点に1年から2年間派遣する「海外拠点実践研修」を実施している。実践研修では、若手従業員はダイキンの現地法人ではなく、現地の販売代理店、取引先、事業提携先、大学などにおいて実践的なテーマを担当し、既成概念にとらわれないチャレンジ精神と異文化コミュニケーション能力を身につけることを目的としている[*3]。

*3
ダイキン工業 会社ウェブサイト「人材育成」
https://www.daikin.co.jp/csr/employee/development.html

　このように他企業での勤務経験を通じ、多様な文化の中で、自ら決断し実行していく経験は、将来M&Aに関わる際にも大きな糧となる。

経営者的思考があれば、M&Aの有事性は理解できる

　経営者的思考を持ち、多様性を許容できる人材が経営者になれば、M&Aは有事であり、日常業務とは異なる意思決定のスピード感と専任の人材リソースが必要なこと、相手企業もトップダウンでの方針発信を期待していることに瞬時に気づき、自らが率先してM&Aに関与することができる。さらに、社内においても経営者候補人材プールが増えることで、買収先に派遣できる人材を増やすことができ、相手企業との良好な関係も構築できる。

（6）　課題4　外部の「血」を謙虚に受け入れる

　企業の外部へ人材を派遣し、他流試合を増やすとともに、「内向き思考」（自分たちの価値観やルールを相手に押し付け

てしまう傾向）を打破するために、社外の客観的な視点を持った人材を登用することも必要である。

　外部の「血」を入れることについては、いわゆるオーナー企業の方が一日の長がある。なぜなら、オーナー企業の経営者にとって、企業の存続は「家」の存続であり、超長期の視点から企業の存続に対し常に危機意識を持ち、外部から新しい「血」（人材、技術、ノウハウ、資産、ビジネスモデルなど）を入れることが企業の活力となることを肌で理解しているからである。

　トヨタ自動車の豊田章男社長は、コネクテッドカー（インターネットに常時接続する自動車）やMaaS（モビリティ・アズ・ア・サービス）の普及によりデジタル化・電動化が進むと、自動車メーカーもハードを組み立てるだけでは生き残れなくなることに対して危機意識を抱いていると伝えられる。来るモビリティ社会の到来に備え、トヨタは、近年、自動運転技術、モビリティサービス、ロボティクス、街づくりなどのため、外部企業への出資や合弁会社の設立を次々と実行している。

日本でも浸透しつつあるプロ経営者

　また、外部の経営者人材の招聘もますます求められよう。前述のPwCによる調査の通り、日本企業の外部招聘CEO人材の割合は3%（p.181、図表7−5を参照）と、世界最低水準である。東証一部上場企業で、いわゆる「プロ経営者」と言われる社長はまだ少ない。

　LIXILグループの瀬戸欣哉社長は、2019年6月に復帰して以降、グループの企業カルチャーを本気で変えるために、事業子会社の合併、ホームセンター事業の売却やイタリアの建材子会社ペルマスティリーザの売却を実行している。また、サントリーホールディングスの新浪剛史社長は、2014年10月に就任以降、ビームとのガバナンスを「適正化」して文化融和をすることで、新商品の共同開発など、シナジーの実現に成果を出している（第5章p.141を参照）。

世の中にプロ経営者の成功事例も徐々に広まっている。加えて、社長以外の経営者ポジション、例えば、チーフ・デジタル・オフィサー（CDO）、チーフ・マーケティング・オフィサー（CMO）、チーフ・イノベーション・オフィサー（CINO）など、新規事業やマーケティング領域の抜本的な強化を外部人材に任せる企業も増えている。「日本のプロ経営者は、苦労は多いが、海外と比較して報酬が低く、なりたがる人が少ない」と、あるベテランのヘッドハンターが言った。上記成功事例の蓄積とともに、待遇面の改善も進むことで、日本企業でも外部の「血」を入れることがますます進むものと考えられる。

外部登用人材とプロパー人材の相互尊重関係を築く

最後に、外部人材を受け入れる上で、一つだけ留意点を述べたい。それは、プロパー人材（内部昇格人材）と中途入社人材との間で「相互尊重」の関係を築くことである。「足りないピース」を埋めるために、外部人材を登用したり、M&Aを行ったりすることは良い。しかし、その際、プロパー人材が、自分たちの出来ないことをできる人材に対して嫉妬心を抱き、彼ら、彼女たちを単なる「専門人材」と扱って狭い領域に閉じ込め、大きな仕事を任せないということが起こりがちである。

ある会社では、自前主義を貫き、1990年代以降設立した新規事業子会社に従業員を出向させ、業務を親会社のルールで「統治」しようとした結果、事業の成長が大きく遅れた。親会社の出向社員は、3年程度の人事ローテーションで親会社に戻る。その事業の経験が全くない親会社からの出向者が、朝令暮改方式で新しい施策を打ち出し、組織を「掻き回し」た結果、専門性を持つが権限を持たないプロパー社員のモチベーションが低下し、なかなかプロパー人材が定着しなかったからである。そして、自前での事業化が難しいと判断したが最終的に選択した結論は、その事業を専業としていた他社の買収であった。

このように自前主義や「優劣」にこだわる結果、この会社の新規事業領域は、約20年に亘り、「迷走」することになってしまった。プロパー人材は、中途入社人材との優劣関係を決して作ってはいけない。「自分たちは優秀である」という奢りを捨てること。そして外部人材を受け入れる際には、受け入れる側の謙虚さが最も大切である。

（7） 課題5 「レジリエンス」と 「共感力」のある人材を育成する

著者は21年間M&Aの仕事に関わってきた。自身のディールやPMIの経験や、世の中のM&A・PMIの成功・失敗事例を見るにつれ、M&Aは「人の成せる技」であり、プロジェクトに関わるメンバー一人一人の意識・思考の動きや状況判断が困難を招くこともあれば、円滑に物事を進められることもある。

さまざまなネガティブ心理が相手との不調和を生む

一人一人の意識・思考の動きが困難を招くとはどういうことか。それは自己が持つネガティブな心理が相手の前で顕在化し、相手と「不調和」の関係に陥るということである。ここでは、M&A・PMIで陥りがちなネガティブな心理の例として「変化への抵抗」と「優位・劣位」を取り上げたい。

●**変化への抵抗**：自己を取り巻く環境に変化が生じるとき、立場やアイデンティティを喪失することへの恐れから、自己防衛反応が働き、変化に対して抵抗的な対応を取ること。

【例1】親会社が変わることにより、子会社の経営陣・従業員に対し、業務プロセスの変化、職場の変化、ポジションの変化、上司の変化、待遇の変化など、さまざまな変化が起こる。その際、子会社側は、自分自身の身分や雇用が脅かされることへの不安から、親会社が実施する新たな施策に対して反対した。

【例2】親会社・子会社共同で製品開発をする際、両社の製品開発プロセスを調査した結果、子会社のプロセスの効率性が高いことが判明した。親会社の技術者が、業務上の混乱が生じることを理由に、自社の製品開発プロセスを変えることに抵抗した。

●**優位・劣位**：相手との人間関係において、勝ち負けを意識しすぎるがあまり、相手に対して「自分たちの方が優れている」「自分たちの言うことを聞いて当然である」など、「上から目線」の態度を取ること。

【例3】買収企業側の技術者が対象企業のビジネス・デューデリジェンスにおいて、相手企業に対して「当社の方が優位である」という先入観を持っており、相手企業の技術は「低く評価」された。その技術者が、相手企業が持つ、技術のポテンシャルを見落とした結果、買収後、競合にない製品の開発機会を見過ごしてしまった。

【例4】PMIにおいて、自社の統合方針を貫徹したいばかりに、相手企業のこれまでのやり方を尊重せずに、一方的に自社のルールの導入や統合作業を指示することをした。自社のルールが相手よりも優れていると思っているからである。

さらに、変化への抵抗をするがあまり、相手企業のやり方を否定するという「優位・劣位」の心理が生まれ、自己防衛反応から相手側を批判・攻撃するということもある。これらの「変化への抵抗」や「優位・劣位」の心理は、良い結果を生まない。なぜなら、ネガティブ心理は、相手企業との「不調和」な関係を生み、信頼関係に亀裂が生じることにより、PMIでシナジーを実現することに至らないからである。

「調和」の人間関係を構築するよう意識・思考を働かせる

一方、一人一人の意識・思考の動きが、物事を円滑に進められるのはどのようなときか。それは、「不調和」ではなく、「調和」の意識と思考を働かせられるときである。

●**調和**：相手の良い面にフォーカスし、相手を尊重し、調和の人間関係を築くこと。

【例5】あるメーカーの経営陣は、創業以来保有していた自社の株式を日本企業に売却した。日本企業による買収を機に、創業メンバーであるベテラン技術者（技術担当役員）はその職を辞して、リタイア生活を送ることを考えていた。

そのベテラン技術者は、長年、同社の技術部門を支えた最大の功労者であったが、当初、日本企業から見るとその技術者は寡黙な性格であり、その技術者の持つノウハウも文書化されていなかったため、彼の良さを理解できなかった。

しかし、親会社から派遣された日本人役員が、会社で開催されたパーティーに参加した際、多くの部下たちにとってベテラン技術者はその熱心な仕事ぶりから、尊敬に値する人物であり、部下たちにとって精神的支柱となる存在であることが判明した。日本人役員は、ベテラン技術者を、日本側への技術協力と部下の教育役として継続的に勤務してもらうことを提案した。親会社の提案に感激したベテラン技術者は、新製品の導入プロジェクトに参画しながら、日本側から見えにくい現場の実情を共有するなと、親子会社間の関係性構築に貢献した。

【例6】あるメーカーの内部監査部門で働くマネージャー（女性）は、組織において縁の下の力持ち的存在であった。親会社の内部監査部門担当者は、当初、監査部門の責任者と仕事をしていたが、ある時、彼女の正確な仕事ぶりと内に秘めたプロ意識に気づき、彼女をあるプロジェクトのリーダーとして登用することを提案した。彼女は、実は子会社のCFOから信頼の厚い人物であった。プロジェクトの中心メンバーとなった彼女は、高い意欲で日本企業側とCFOの難しい業務調整を自ら買って出るなど、プロジェクトの円滑な進捗に貢献した。

このように、買収企業側の実務リーダーが、相手の良い面を見つけ、「調和」の意識を働かせることが、相手との信頼関係を向上させ、プロジェクトを成功に導く第一歩となる。

調和の関係を築くにはリーダーの人間力が鍵

　M&Aは互いに「新しい血を入れ」、自社を変革していく絶好の機会である。しかしながら、人は、自己防衛のため、変化への抵抗や優劣関係をつくり、相手との不調和の関係を生んでしまう。相手と調和の関係を築くためにはどうしたらいいか。そのためには、M&A・PMIに関わるリーダーの人間力が鍵となる。では、どのような人間力の要素を高めたらよいか。それは、「レジリエンス」と「共感力」である。

レジリエンス：
逆境から立ち直るには置かれた環境の必然性を
自責思考で受け入れること

　レジリエンス（Resilience）とは、ペンシルバニア大学ポジティブ心理学センターのカレン・ライビッチ博士によれば、「逆境から素早く立ち直り、成長する能力」[*4]と定義されている。M&A・PMIにおいても、自社の言うことを聞き入れてくれない相手企業との難しい交渉や、社内の組織の壁を乗り越えるための調整、経営者の厳しい目標達成要求など、困難な逆境に直面することは多い。逆境から立ち直るためには、なぜ、自分は逆境に直面しているのか、内観できることが大切である。その際、忘れてはならないのは、「自責思考」「当事者意識」の視点である。

　例えば、自社が提案したPMIの方針に対して、相手企業が強烈に反対をしたとしよう。このような逆境に直面したときの自分自身の「意識の運び方」が、相手との調和の関係を築けるか、相手と不調和の関係に陥るかの分岐点である。自社の要求を聞きいれない相手の理解が悪いのか、相手の価値観が「普通ではない」のか。このように困難に直面した原因を他責とし、相手に求めてばかりいても、ますます相手との関係が不調和になるばかりである。

　世の中の人間関係の不調和は、100%相手が悪いということはない。かならず自分にも原因があるはずである。自責思考の観点に立ち返り、なぜ自分は逆境に直面しているのか、

*4
"The Resilience Factor: 7 Keys to Finding your Inner Strength and Overcoming Life's Hurdles", Karen Reivich, 2003

内観することが大切である。相手から反発を受けた自分自身
の深層心理では、相手を見下していなかったか、自己の要求
ばかり通すことに執着していなかったか。その心理に気づい
たとき、自分の至らなかったことを相手に謝罪しよう。そう
すれば、相手は心を開いてくれる可能性がある。このように
して、逆境を乗り越えていくことができる。

**共感力：
相手と優劣を作らず、中立心を保ち、
相手視点で物事を考えること**

　「共感力」（Empathy）とは、相手に共感できる力のことで
ある。共感できない状況とは、自分の主張ばかりしている状
況である。前述の「調和」の関係を導いた日本企業側のリー
ダーの事例を見てみよう。例5では、技術担当役員、例6で
は内部監査部門のマネージャーの力量と功績を見抜いた日本
のリーダーは、相手の貢献意欲に気づき、彼、彼女たちの力
を引き出すことができた。「どちらが上」「うちのやり方が正
しい」などの固定観念を一切排除し、中立心を保ち、相手を
尊重して接することができる人こそ、共感力の高い人であ
る。

自らの言動が相手と不調和を生まないか気づく力

　企業は、PMIプロジェクトを担当する実務リーダーを選任
する際、レジリエンスと共感力の高い人材を起用すること
で、相手との関係に調和をもたらすことができる。レジリエ
ンスや共感の能力を高めるためには、自分の言動が、自己の
要求ばかりを通していないか、相手との調和を生むのか、即
時にセンサー（気づき）が働くことが求められる。

　この気づき力を高めるためには、マインドフルネスが有効
と言われている。「マインドフルネス」な状態とは、「力に満
ちた状態であるとともに、とても心静かな状態」[5]であり、
禅の瞑想の効果が米国において科学的に立証されたものであ
る。Googleなど、米国企業では、マインドフルネスを従業員

*5
『マインドフルネス』ハー
バード・ビジネス・レビ
ュー編集部編／DIAMO
NDハーバード・ビジネ
ス・レビュー編集部訳（ダ
イヤモンド社）

の潜在的な力を引き出し、組織の生産性を高める手段として、積極的に取り入れている。マインドフルネスは、人間の誰もが有する、自分に気づき、潜在意識を開花させる能力を高める方法である。これは、今に始まった手法でも、米国から輸入された方法でもなく、宗教的手法でもない。そのため、日本企業においても導入が進んでいる。

M&Aは組織の自己変革ができる機会

M&Aに関わる経営者・従業員も、外部企業とのM&Aや業務・資本提携のプロジェクトの中で、相手企業とのコミュニケーションを通じ、各個人や組織に足りなかった価値観や思考・行動様式に「気づき」を得ながら意識改革をしていくことが必要である。自分たちの「古い価値観」に気づき、社内のルールや行動様式を変えていくこと。これこそがM&Aを通じた自己組織変革の真髄である。

PMIも最後は人間力である。日本企業でも、「レジリエンス」と「共感力」の高いリーダーが輩出され、組織を変革していくことを期待したい。

（8）M&Aを成功に「近づける」ための
5つの行動

これまで第1章から第6章を通じて述べてきた通り、M&Aの失敗は自責思考で捉え、失敗の原因を分析し、教訓とすることで次からの失敗を減らすことができる。しかし、M&Aの失敗は、組織風土とも深く結びついており、M&Aの失敗を減らし、実行能力を高めていくためには、組織の「土壌」そのものを入れ替えていく必要がある。

成功の秘訣は、当たり前のことができること

M&Aではこれだけやれば絶対に成功するという唯一無二の「成功法則」は存在しない。しかし、「M&A先進企業」

の事例を見るに、M&Aを成功に近づけるための企業が取るべき行動は存在する。最後に、これまでの議論を振り返る意味で、共有させて頂きたい。その行動とは、①明確な目的を持つ（目的の視点）、②結果にこだわる、③ガバナンスでやるべきことをやる、④「M&Aは有事」として経営者が関与する（以上、結果責任の視点）および⑤「共同創造」のパートナーとして尊重して向き合う（尊重の視点）の5つである。目的、コミットメント、人間力、これらの当たり前のことをやることが、M&Aの成功のための第一歩となる。

「信念を貫き、当たり前のことを継続できる組織」こそが、生き残っていくのだ。

図表7-6 **M&Aを成功に「近づける」ための5つの行動**
目的（Purpose）、結果責任（Accountability）および尊重（Respect）が成功の鍵となる

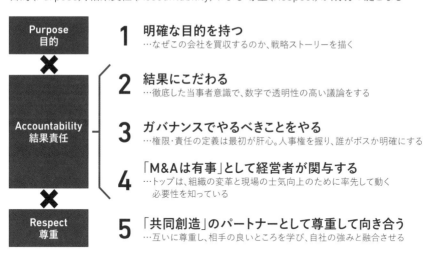

1 明確な目的を持つ
…なぜこの会社を買収するのか、戦略ストーリーを描く

2 結果にこだわる
…徹底した当事者意識で、数字で透明性の高い議論をする

3 ガバナンスでやるべきことをやる
…権限・責任の定義は最初が肝心。人事権を握り、誰がボスか明確にする

4 「M&Aは有事」として経営者が関与する
…トップは、組織の変革と現場の士気向上のために率先して動く必要性を知っている

5 「共同創造」のパートナーとして尊重して向き合う
…互いに尊重し、相手の良いところを学び、自社の強みと融合させる

おわりに

　「日本経済の明るい未来のために、今、最善を尽くしたい」。
　本書の企画は、日本企業が自己変革をし、新たな時代を生き残っていくために役に立ちたいという想いから出発した。
　著者が、社会人駆け出しの銀行員として名古屋に勤務していた頃、事業承継を検討していた経営者との対話が、M&Aに興味を持つきっかけとなった。
　M&Aのディールアドバイザーから経営戦略コンサルタントへキャリアの幅を広げ、M&A戦略立案、ディール実行、PMIとM&Aの全ライフサイクルへ経験を蓄積するにつれ、「M&Aは異文化企業との提携を通じた自社組織の変革機会である」と捉えることができるようになった。なぜなら、M&Aの失敗の原因は社内にあり、自社の旧来の古い価値観や固定観念を払拭しないと、相手企業と調和のとれた共存共栄関係が構築できない、つまりM&Aを成功に導けないからである。
　このように表現すると、伝統的なビジネス慣習が色濃く残る日本企業からは「自分たちには無理だ」と諦めの声が聞こえるかもしれない。本当にそうだろうか。「他社の成功事例を聞かないと動けない」日本の伝統的企業においても、近年、M&A、結果主義の導入による事業の再生・創出、外部人材の登用による組織の変革、スタートアップとのオープンイノベーションにおける成功事例が増加しており、変革のサインが現れ始めている。次は、旧態依然とした組織ルールを変え、スピード経営を実現できるかどうかにかかっている。
　現場主義や中長期的な視座に強みを持つ日本企業に、M&Aの成功にコミットできる経営者がいれば「鬼に金棒」である。今こそ、日本企業は、他社との関わりの中で自社を客観視し、生き残るための自己変革に取り組むべきである。そのタイミングはもう到来している。

M&Aのプロフェッショナルの世界に身を投じてから早21年、都度、思うことを書き記してきたが、このたび、ようやく経験知を1冊の書籍としてまとめることができた。お客様および在籍した会社のすべての皆様には本当にお世話になった。心より感謝申し上げたい。

　特に、KPMGで、プロフェッショナル魂を叩き込んで頂いた渡辺章博氏（現GCA株式会社代表取締役社長）、ローランド・ベルガーで「クライアントを元気にするコンサルタント」を体現して頂いた遠藤 功氏（同社会長）、パナソニックで創業者の理念と経営者としてのあり方を伝授頂いた楠見雄規氏（同社常務執行役員、2021年6月社長就任予定）には大所高所から適切なアドバイスを頂いた。また、NTTデータ経営研究所の柳圭一郎氏（現同社社長）には、NTTデータの経営陣としてM&Aに関わった経験知を共有頂き、本出版を支援して頂いた。

　さらに、13年間、メンターでもある師、シルバーあさみ氏には、人の生きる道の指針を伝授頂いている。著者の人生の選択のみならず、社会事象に対する客観中立な視野の涵養、企業の倫理観保持やPMIでの企業文化の融和等に大変活かされている。心からの感謝とお礼を申し上げたい。

　末筆になるが、本書の出版にあたり的確な助言とご尽力を頂いたダイヤモンド社出版編集部の千野信浩氏に心よりお礼を申し上げたい。

人見　健

[著者]

人見 健（ひとみ・たけし）

株式会社NTTデータ経営研究所パートナー。M&Aグループリーダー。慶應義塾大学経済学部卒業。テンプル大学ジャパン経営学修士課程（MBA）修了。東京三菱銀行（現三菱UFJ銀行）、KPMG FAS、ローランド・ベルガー、EY、フロンティア・マネジメント、パナソニック（オートモーティブ社）を経て現職。21年にわたり、消費財、小売、商社・卸売、医薬品、医療機器、化学、産業用機器、電気機器、自動車・自動車部品、電子部品、物流、運輸、建設、不動産、ホテル、銀行・証券・保険、通信、ITおよびその他サービス業を中心に、M&A戦略立案、エグゼキューションからPMIまで豊富なハンズオンでの実務経験を有する。関与した国内・海外のM&A・アライアンス案件は300件を超える。企業・事業戦略、新規事業創出、グループ経営、コーポレートガバナンス、企業再生、財務戦略、組織変革等をテーマとしたコンサルティング経験も有する。米国公認会計士（ワシントン州ライセンス）。公益社団法人日本証券アナリスト協会認定アナリスト。

M&A 失敗の本質

2021年3月2日　第1刷発行

著　者──人見 健
発行所──ダイヤモンド社
　　　　　〒150-8409　東京都渋谷区神宮前6-12-17
　　　　　https://www.diamond.co.jp/
　　　　　電話／03-5778-7235（編集）　03-5778-7240（販売）
校正────林 弘基（株式会社ヴェリタ）
ブックデザイン─青木 汀（ダイヤモンド・グラフィック社）
製作進行──ダイヤモンド・グラフィック社
印刷／製本─ベクトル印刷
編集担当──千野信浩